~ FAIT MAISON ~
D'AILLEURS

RECETTES TESTÉES À LA MAISON

ITALIE

~ FAIT MAISON ~

D'AILLEURS

RECETTES TESTÉES À LA MAISON

ITALIE

VALÉRY DROUET

Photographies : Pierre-Louis Viel
Stylisme : Valéry Drouet

hachette
CUISINE

SOMMAIRE

RECETTES DE BASE

ANTIPASTI

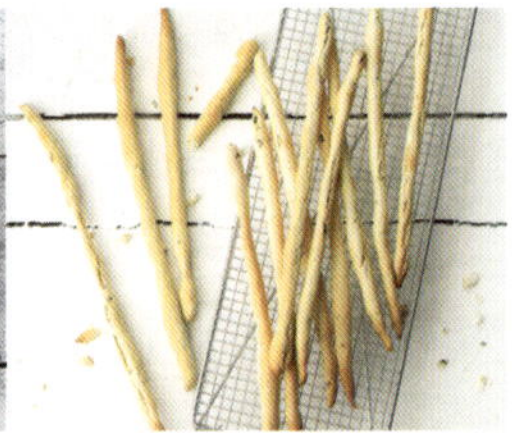

PÂTES ET PIZZAS

RISOTTO ET POLENTA

SOUPES, LÉGUMES ET ACCOMPAGNEMENTS

VIANDES, POISSONS ET FRUITS DE MER

CONSERVES ET SAUCES

DESSERTS

QUELQUES IDÉES DE MENUS

MENU ESTIVAL

BURRATA AUX LÉGUMES CROQUANTS, PESTO AU VINAIGRE P. 32

PIZZA AU PARME, FIGUES ET GORGONZOLA P. 66

GRANITÉ AU CITRON P. 170

MENU HIVERNAL

FOUGASSE À LA POMME DE TERRE P. 34

SOUPE AU PESTO P. 92

PANETTONE FAÇON PAIN PERDU P. 174

BUFFET DE LA MER

BACCALA MANTECATO P. 132

LINGUINE CON TONNO FRESCO P. 54

PALOURDES SAUTÉES EN PERSILLADE P. 138

MENU VÉGÉTARIEN

LÉGUMES GRILLÉS AU SEL P. 41

GRESSINS AU ROMARIN P. 36

RISOTTO AU POTIRON P. 82

INTRODUCTION

La cuisine italienne a une réputation qui n'est plus à faire. Elle est l'une des principales cuisines mondiales, qui se caractérise par un grand choix de produits frais, légumes, fromages, etc. Sans oublier son incontournable huile d'olive, qui sert de base à beaucoup de recettes.

Souvent citée pour ses pizzas et ses pâtes, la cuisine italienne regorge de ressources inépuisables et est bien plus riche que ça ! Ménagère et régionale, elle est pourtant une vraie cuisine de gastronome. Bon nombre d'Italiens y accordent une place très importante, surtout dans les grandes familles, au sein desquelles les repas sont sacrés.

Faites le tour de l'Italie à travers les recettes de ses différentes régions, généreuses, authentiques, pleines de gourmandise et de saveurs !

MATÉRIEL INDISPENSABLE

- Casseroles de différentes tailles
- Grands plats à gratins
- Machine à pâtes fraîches
- Mini-hachoir
- Passoire
- Ramequins pour des présentations individuelles
- Râpe à fromage
- Râpe ou mandoline
- Robot et batteur
- Rouleau à pâtisserie

RECETTES DE BASE

PÂTE À PIZZA

POUR 4 À 6 PIZZAS INDIVIDUELLES

15 MIN DE PRÉPARATION
1 H POUR FAIRE LEVER LA PÂTE

FACILE
COÛT €

MATÉRIEL

1 robot

20 g de levure de boulanger • 1,5 kg de farine • 30 cl d'eau tiède • 1 cuil. à café de sucre • 10 g de sel • 8 cl d'huile d'olive

1 Délayez la levure dans une tasse avec 5 cl d'eau tiède. Versez la farine dans le bol d'un robot. Ajoutez le sucre et le sel. Faites tourner doucement le robot avec le crochet puis versez l'huile d'olive, le reste de l'eau et la levure délayée, laissez tourner 8 à 10 min à petite vitesse jusqu'à ce que la pâte se décolle des parois (si la pâte ne se décolle pas, ajoutez un peu de farine).

2 Placez la pâte dans un récipient, faites une entaille en forme de croix sur le dessus avec des ciseaux puis recouvrez la pâte avec un torchon et laissez-la lever pendant 1 h à température ambiante.

3 Une fois levée, pétrissez-la pendant 2 min à la main, séparez-la en quatre ou en six morceaux puis étalez-les à la forme voulue sur 4 à 5 mm d'épaisseur. Déposez-les sur une plaque de four, garnissez-les à votre goût.

1

2

3

PÂTE À PÂTES FRAÎCHES

POUR 4 PERSONNES

10 MIN DE PRÉPARATION
2 H DE REPOS
6 H DE SÉCHAGE

FACILE
COÛT €

MATÉRIEL

1 robot
1 laminoir à pâtes

1,4 kg de farine • 8 g de sel • 4 gros œufs extra-frais • 5 cl d'huile

1 Mettez la farine et le sel en fontaine dans la cuve d'un robot. Cassez les œufs au milieu, versez l'huile d'olive. Mélangez avec le crochet du robot pour obtenir une pâte homogène (vous pouvez également la réaliser à la main).

2 Formez une boule, placez-la 2 h au frais pour la faire reposer.

3 Sortez la pâte, séparez-la en plusieurs petits morceaux, commencez à les étaler avec un rouleau à pâtisserie puis passez-les à la machine à pâtes en commençant par l'écartement le plus large. Recommencez l'opération en réduisant l'écartement au fur et à mesure pour l'abaisser de plus en plus finement, sans oublier de fariner la pâte à chaque fois.

4 Formez les pâtes selon vos besoins (dans le laminoir coupant pour les tagliatelles, spaghettis, etc.). Faites sécher les pâtes en les suspendant à un séchoir ou sur un morceau de bois propre pendant au moins 6 h avant de les faire cuire.

1

2

3

4

1
3
2
4

RAVIOLIS FARCIS AU FROMAGE

POUR 4-6 PERSONNES

45 MIN DE PRÉPARATION
2 H DE REPOS
5 MIN DE CUISSON

FACILE
COÛT €

MATÉRIEL

1 laminoir à pâtes

400 g de pâte à pâtes • 250 g de fromage de chèvre frais • 10 feuilles de basilic frais • 5 cl d'huile d'olive • 15 olives noires • Sel, poivre du moulin

1 Préparez une pâte à pâtes comme indiqué page 22, laissez-la reposer pendant 2 h au frais. Mélangez le fromage frais dans un bol avec le basilic haché, les olives noires hachées, l'huile d'olive, du sel et du poivre, salez, poivrez.

2 Détaillez la pâte en petits morceaux puis étalez-les au laminoir (ou au rouleau à pâtisserie) en bandes assez larges et fines. Déposez un peu de farce tous les 5 cm sur la moitié des bandes de pâte.

3 Déposez les autres bandes de pâte sur les premières puis pressez bien les bords pour les souder.

4 Détaillez les raviolis avec une roulette à dents ou avec un emporte-pièce selon la forme désirée.Placez les raviolis au frais pendant au moins 2 h avant de les faire cuire 4 à 5 min dans de l'eau frémissante salée.

1

2

3

4

RISOTTO

POUR 4 PERSONNES

FACILE
COÛT €

15 MIN DE PRÉPARATION
18 MIN DE CUISSON

1,3 kg de riz carnaroli • 1 l de bouillon de légumes • 1 oignon • 8 cl d'huile d'olive • 15 cl de vin blanc sec • 70 g de beurre • 100 g de parmesan râpé

1 Faites chauffer le bouillon dans une casserole. Faites fondre l'oignon haché 2 min sans coloration dans une casserole avec l'huile d'olive.

2 Ajoutez le riz, nacrez-le dans le mélange d'oignon et d'huile d'olive puis versez le vin blanc, salez, poivrez, laissez cuire 5 min à feu vif.

3 Versez 30 cl de bouillon, laissez cuire le riz 17 à 18 min à feu moyen en ajoutant du bouillon au fur et à mesure qu'il est absorbé par le riz, tout en remuant.

4 En fin de cuisson, hors du feu, ajoutez le beurre froid en morceaux et le parmesan. Enrobez le riz avec et servez aussitôt.

ANTIPASTI

CROSTINI AU PARME
ET AUX FIGUES

POUR 4 PERSONNES

FACILE
COÛT €

20 MIN DE PRÉPARATION
20 MIN DE CUISSON

1 gros oignon • 4 grosses figues violettes • 2 cuil. à soupe de miel • 1 grand pain ciabatta • 6 tranches de jambon de Parme • 80 g de parmesan entier • 3 cuil. à soupe de vinaigre balsamique • 150 g de roquette • 15 cl d'huile d'olive • Sel, poivre du moulin

1 Épluchez et émincez l'oignon. Faites-le fondre 10 à 15 min à feu doux dans une poêle dans 5 cl d'huile d'olive, salez, poivrez. Lavez et coupez les figues en petits morceaux. Ajoutez-les à la poêle avec les oignons puis arrosez le tout de miel, laissez légèrement caraméliser et éteignez le feu.

2 Coupez le pain ciabatta en tranches, déposez-les sur une plaque de four recouverte d'une feuille de papier sulfurisé. Coupez le jambon en morceaux, détaillez des copeaux de parmesan avec un couteau.

3 Préchauffez le four en position gril à 220 °C (th. 7-8). Répartissez la fondue d'oignon et de figues sur les tranches de pain. Déposez des morceaux de jambon et des copeaux de parmesan dessus. Arrosez les crostini avec 5 cl d'huile d'olive puis passez-les 4 à 5 min sous le gril du four.

4 Assaisonnez la roquette avec le reste de l'huile d'olive, le vinaigre balsamique, du sel et du poivre. Sortez les crostini du four. Déposez quelques feuilles de roquette sur chacun d'eux et servez aussitôt.

CONSEIL

Pour varier les goûts, vous pouvez remplacer le parmesan par du gorgonzola pour la moitié des tranches de pain. Vous pouvez également remplacer les figues fraîches par des figues séchées moelleuses.

BURRATA AUX LÉGUMES CROQUANTS,
PESTO AU VINAIGRE

POUR 4 PERSONNES

FACILE
COÛT €€

30 MIN DE PRÉPARATION
PAS DE CUISSON

4 boules de burrata de 150 g environ laissée à température ambiante • 1 grosse carotte • 1 petit bulbe de fenouil • 5 cl d'huile d'olive • 2 cuil. à soupe de vinaigre de xeres • 2 cuil. à soupe de pesto • 1 petit bouquet de basilic • Sel, poivre du moulin

1 Épluchez la carotte, nettoyez le fenouil. Râpez les légumes très finement avec une mandoline. Mettez-les dans un récipient d'eau glacée, laissez-les tremper 30 min pour les faire durcir.

2 Mélangez l'huile d'olive dans un grand bol avec le vinaigre, le pesto, du sel et du poivre.

3 Égouttez et déposez chaque burrata dans une assiette calotte. Égouttez les légumes, essuyez-les dans un torchon propre. Répartissez-les dans les assiettes, salez la burrata, donnez quelques tours de moulin à poivre. Nappez le tout avec le pesto au vinaigre, décorez de quelques feuilles de basilic et servez.

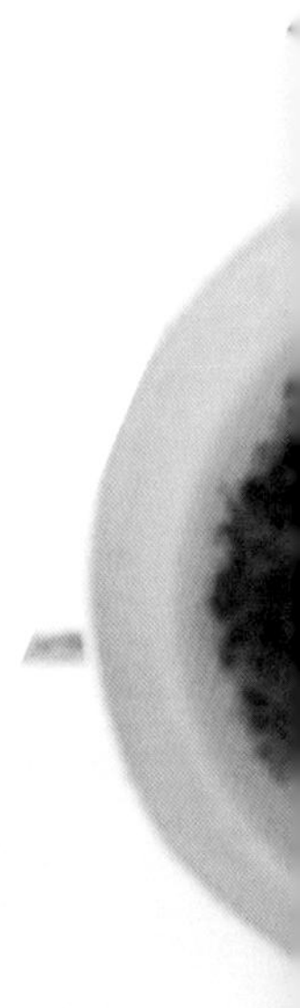

CONSEIL
La burrata se mange à température ambiante, et surtout pas froide ! Ne la placez pas au frigo. Si vous l'achetez froide, il est possible de la passer quelques secondes au micro-ondes pour la réchauffer légèrement.

FOUGASSE À LA POMME DE TERRE

POUR 4 PERSONNES

30 MIN DE PRÉPARATION
1 H 45 DE POUSSE POUR LA PÂTE
40 MIN DE CUISSON

FACILE
COÛT €

MATÉRIEL

1 robot

300 g de farine • 15 g de levure de boulangerie • 1 verre d'eau tiède • 200 g de pommes de terre • 2 œufs • 5 cl d'huile d'olive • 50 g de beurre • 150 g de mozzarella • 150 g de salami • 1 cuil. à soupe d'huile pour le moule • Sel

1 Mélangez 80 g de farine dans un bol avec la levure émiettée et 1 petit verre d'eau tiède pour obtenir une pâte légèrement liquide. Couvrez le bol avec un torchon, laissez pousser le levain 45 min à 1 h à température ambiante.

2 Pendant ce temps, épluchez et coupez les pommes de terre en petits cubes. Faites-les cuire 20 min dans de l'eau salée dans une casserole, égouttez-les puis écrasez-les dans un bol avec une fourchette. Mettez le reste de la farine dans le bol d'un robot avec ½ cuil. à café de sel.

3 Ajoutez les œufs, l'huile d'olive, le beurre en morceaux et le levain. Faites tourner 5 min à petite vitesse puis ajoutez les pommes de terre écrasées. Laissez tourner environ 10 min à vitesse moyenne pour former un pâton.

4 Coupez la mozzarella en petits cubes et le salami en julienne. Ajoutez-les à la pâte, continuez de pétrir pendant 6 à 8 min. Huilez et tapissez le fond d'un moule à manqué avec une feuille de papier sulfurisé. Étalez la pâte dans le moule, recouvrez avec un torchon propre puis laissez de nouveau pousser la pâte pendant environ 45 min à température ambiante.

5 Préchauffez le four à 200 °C (th. 6-7). Une fois la pâte poussée, enfournez la fougasse pendant 35 à 40 min. Sortez-la du four et laissez-la refroidir avant de la couper en parts et de la déguster.

CONSEIL
Il est préférable que tous les ingrédients soient à température ambiante pour que la pâte pousse correctement.

GRESSINS AU ROMARIN

POUR 40 GRESSINS ENVIRON

30 MIN DE PRÉPARATION
1 H DE REPOS
20 MIN DE CUISSON

FACILE
COÛT €

MATÉRIEL

1 robot
1 mini-hachoir

2 grandes branches de romarin • 350 g de farine • 8 g de levure chimique • 20 cl d'eau froide • 1 cuil. à café de sel

1 Récupérez les aiguilles de romarin puis hachez-les dans un mini-hachoir. Mettez la farine, le sel et la levure dans la cuve du robot avec le crochet permettant de mélanger. Faites tourner le batteur doucement puis ajoutez les aiguilles de romarin hachées et l'eau froide. Laissez tourner le robot pendant 6 à 8 min à vitesse moyenne pour obtenir une pâte homogène.

2 Formez une boule, déposez la pâte sur une assiette farinée, couvrez-la avec du film alimentaire puis laissez-la reposer 1 h à température ambiante.

3 Préchauffez le four à 180 °C (th. 6). Détaillez la pâte en petits morceaux de la taille d'une grosse noisette puis roulez-les en boudins pour obtenir la forme de gressins. Déposez-les sur une plaque de four recouverte d'une feuille de papier sulfurisé. Mettez-les à cuire 15 à 20 min au four. Sortez-les du four et laissez-les complètement refroidir avant de les déguster. Conservez-les dans une boîte hermétique.

CONSEIL

Vous pouvez remplacer le romarin par des brindilles de thym ou de sarriette ou des feuilles de sauge ou de basilic hachées.

MOZZARELLA IN CARROZZA

POUR 4 PERSONNES

FACILE
COÛT €

20 MIN DE PRÉPARATION
10 MIN DE CUISSON

250 g de mozzarella • 3 œufs • 100 g de chapelure fine • 8 grandes tranches de pain de mie • 12 feuilles de basilic • 50 g de beurre • 2 cuil. à soupe d'huile d'olive • Sel, poivre du moulin

1 Préchauffez le four à 180 °C (th. 6). Battez les œufs dans un plat creux avec du sel et du poivre. Mettez la chapelure dans un autre plat. Égouttez et taillez la mozzarella en tranches fines, assaisonnez-la. Étalez la mozzarella sur la moitié des tranches de pain de mie puis déposez 3 feuilles de basilic sur chaque tranche.

2 Déposez les autres tranches de pain de mie dessus et appuyez délicatement. Passez les sandwichs dans l'œuf battu puis dans la chapelure en appuyant pour bien la faire adhérer.

3 Faites chauffer le beurre et l'huile d'olive dans une grande poêle. Mettez les sandwichs à dorer 2 à 3 min de chaque côté à feu moyen. Posez les sandwichs sur une plaque de four, passez-les 5 min au four avant de les servir.

CONSEIL
Accompagnez avec une salade de roquette et de fines tranches de bresaola ou de jambon de Parme.

LÉGUMES GRILLÉS AU SEL

POUR 4 PERSONNES

FACILE
COÛT €

30 MIN DE PRÉPARATION
30 MIN DE CUISSON

2 poivrons rouges • 2 grosses courgettes • 1 aubergine • 1 poivron jaune • 4 branches de thym frais • 1 grosse cuil. à café de fleur de sel • 8 cl d'huile d'olive

1 Lavez les légumes. Épluchez et épépinez les poivrons, coupez-les en quatre. Coupez les courgettes et l'aubergine en tranches de 3 à 4 mm d'épaisseur.

2 Faites chauffer un gril ou une plancha à feu moyen. Commencez par faire griller les quartiers de poivron pendant 10 min en les retournant régulièrement. Mettez les tranches d'aubergine et de courgette à cuire. Parsemez les légumes de brins de thym et d'un peu de fleur de sel. Arrosez-les d'huile d'olive, laissez-les cuire encore 15 min. Mettez tous les légumes grillés sur un plat, ajoutez le reste de fleur de sel et servez aussitôt.

ARTICHAUTS À L'HUILE
ET À L'AIL

POUR 12 ARTICHAUTS

FACILE
COÛT €€

30 MIN DE PRÉPARATION
24 H DE MARINADE MINIMUM
15 MIN DE CUISSON

12 petits artichauts violets • 1 citron • 20 cl de vin blanc • 1 feuille de laurier • 2 branches de thym • 3 gousses d'ail • 30 cl d'huile d'olive • Sel, poivre du moulin

1 Pressez le citron, mettez la moitié du jus dans un récipient avec 2 l d'eau froide. Tournez délicatement les artichauts avec un petit couteau d'office tranchant puis plongez-les dans l'eau citronnée.

2 Faites bouillir 1 l d'eau avec le vin blanc et le reste du jus de citron dans une grande casserole. Ajoutez le laurier, le thym, du sel et du poivre. Plongez les artichauts dans ce court-bouillon, laissez cuire 15 min à feu moyen. Vérifiez la cuisson en enfonçant la pointe d'un couteau dans une tête d'artichaut, la lame doit entrer facilement.

3 Égouttez les artichauts, laissez-les refroidir. Épluchez et coupez les gousses d'ail en deux, retirez le germe si nécessaire. Mettez les artichauts et les gousses d'ail dans un récipient ou un bocal, versez l'huile d'olive dessus. Placez-les au frais, laissez mariner au minimum pendant 24 h avant de les déguster.

PÂTES ET PIZZAS

TAGLIATELLES AU CITRON

POUR 4 PERSONNES
FACILE
COÛT €

15 MIN DE PRÉPARATION
10 MIN DE CUISSON

400 g de tagliatelles • 1 bouquet de persil • 2 beaux citrons • 15 cl de crème fraîche • 90 g de parmesan râpé • 60 g de beurre • Sel, poivre du moulin

1 Préchauffez le four à 180 °C (th. 6). Lavez et hachez le persil. Lavez et zestez les citrons. Fouettez la crème dans un bol avec le parmesan et le persil haché pour la faire mousser.

2 Faites cuire les tagliatelles dans une casserole d'eau bouillante salée en suivant les indications portées sur le paquet.

3 Faites fondre le beurre à feu doux dans une grande casserole avec les zestes de citron, salez, poivrez. Égouttez les pâtes puis mettez-les dans le beurre au citron avec 10 cl d'eau de cuisson des pâtes. Mélangez le tout puis répartissez les pâtes dans un plat beurré allant au four. Nappez-les de crème au parmesan.

4 Enfournez pendant 8 à 10 min et servez aussitôt.

LASAGNES DE SAUMON
AUX ÉPINARDS ET AU CURRY

POUR 4 PERSONNES

FACILE
COÛT €€

30 MIN DE PRÉPARATION
40 MIN DE CUISSON

400 g de lasagnes • 600 g d'épinards frais • 50 g de beurre • Le jus d'1 citron • 25 g de farine • 40 cl de lait • 15 cl de crème liquide • 600 g de filet de saumon • 80 g de parmesan râpé • 1 cuil. à café de curry • Sel, poivre du moulin

1 Faites cuire les lasagnes pendant 2 min dans de l'eau bouillante salée. Rafraîchissez-les sous l'eau froide et laissez-les tremper dans de l'eau pour qu'elles ne collent pas entre elles. Nettoyez les épinards, hachez-les grossièrement puis faites les cuire 5 min dans une poêle dans 20 g de beurre, arrosez-les de jus de citron pendant la cuisson, salez, poivrez. Égouttez-les dans une passoire.

2 Faites fondre le reste du beurre dans une casserole. Ajoutez la farine, mélangez avec un fouet, laissez cuire 3 min à feu moyen pour obtenir un roux blanc. Versez le lait froid dans la casserole, portez à ébullition en mélangeant. Laissez bouillir 4 à 5 min à feu doux pour obtenir une béchamel, salez, poivrez, ajoutez la crème liquide et le curry hors du feu.

3 Mélangez les épinards égouttés à la béchamel, laissez tiédir. Coupez le saumon en tranches de 5 mm d'épaisseur, salez et poivrez les morceaux.

4 Préchauffez le four à 180 °C (th. 6). Chemisez le fond d'un plat à lasagnes huilé avec les lasagnes précuites. Déposez de la béchamel aux épinards puis des tranches de saumon. Renouvelez l'opération deux fois, terminez avec des pâtes et couvrez avec un peu de béchamel. Saupoudrez la surface de parmesan râpé. Enfournez pendant 30 min. Servez bien chaud.

PENNE ALL'ARABBIATA

POUR 4 PERSONNES

FACILE
COÛT €

35 MIN DE PRÉPARATION
40 MIN DE CUISSON

400 g de penne • 8 tomates moyennes bien mûres • 2 gousses d'ail • 1 petit piment rouge • 200 g de pancetta • 120 g de pecorino ou de parmesan râpé • 5 cl d'huile d'olive • Sel, poivre du moulin

1 Retirez le pédoncule des tomates, incisez le dessous de chaque tomate avec la pointe d'un couteau. Plongez-les 20 s dans de l'eau bouillante salée, égouttez-les puis rafraîchissez-les dans un récipient d'eau froide. Retirez leur peau, coupez-les en deux, épépinez-les et concassez-les grossièrement.

2 Épluchez et hachez les gousses d'ail, épépinez et hachez le piment. Coupez la pancetta en petits morceaux. Faites-la rissoler 3 min dans une grande poêle. Retirez-la de la poêle. Mettez l'ail haché à la place, laissez fondre 2 min puis ajoutez les tomates concassées, le piment et 10 cl d'eau. Salez, poivrez, laissez cuire 20 à 25 min à feu moyen. Pendant ce temps, faites cuire les penne al dente dans une grande casserole d'eau salée, le temps indiqué sur le paquet.

3 Ajoutez la pancetta dans la concassée de tomates. Égouttez les pâtes dans une passoire puis ajoutez-les à la poêle. Mélangez délicatement à feu doux. Répartissez les penne all'arrabiata dans des assiettes, servez aussitôt avec le pecorino ou le parmesan râpé.

LES VRAIES TAGLIATELLES
À LA CARBONARA

POUR 4 PERSONNES

FACILE
COÛT €

20 MIN DE PRÉPARATION
20 MIN DE CUISSON

400 g de tagliatelles • 250 g de poitrine fraîche fumée • 4 jaunes d'œufs • 100 g de pecorino râpé • 100 g de parmesan râpé • 2 cuil. à soupe d'huile d'olive • Sel, poivre du moulin

1 Retirez la couenne de la poitrine fumée puis taillez cette dernière en petits lardons. Mettez-les dans une casserole, couvrez d'eau froide, portez à ébullition. Laissez bouillir 1 min puis égouttez-les et rafraîchissez-les dans une passoire. Faites-les dorer 4 à 5 min à feu moyen dans une poêle, dans l'huile d'olive. Gardez-les au chaud.

2 Faites cuire les tagliatelles *al dente* pendant 6 à 8 min dans de l'eau bouillante salée. Pendant ce temps, mélangez les jaunes d'œufs avec le pecorino râpé. Égouttez les tagliatelles dans une passoire. Conservez 10 à 15 cl d'eau de cuisson des pâtes.

3 Remettez les pâtes dans la casserole avec l'eau de cuisson. Ajoutez les lardons, faites chauffer 2 min à feu vif puis hors du feu, ajoutez le mélange jaunes d'œufs et pecorino. Répartissez les pâtes dans les assiettes, parsemez de parmesan râpé et dégustez aussitôt.

À SAVOIR

Il s'agit ici de la vraie recette des carbonara sans crème. La recette à la crème est une invention bien française !

LINGUINE
CON TONNO FRESCO

POUR 4 PERSONNES

FACILE
COÛT €€

30 MIN DE PRÉPARATION
25 MIN DE CUISSON

400 g de linguine • 400 g de thon frais en tranche épaisse • 1 oignon • 2 gousses d'ail • 80 g de câpres • 1 bouquet de persil • 1 petit piment rouge • 1 branche de thym frais • 2 poivrons jaunes • 10 cl d'huile d'olive • 15 cl de vin blanc • Sel, poivre du moulin

1 Épluchez et hachez l'oignon et les gousses d'ail. Hachez grossièrement les câpres, lavez et hachez le persil, nettoyez et hachez le piment. Mélangez le persil dans un bol avec les câpres, les brins de thym, l'ail et le piment haché.

2 Nettoyez et taillez les poivrons en julienne, coupez le thon en cubes de 1 cm de côté en viron. Faites cuire les linguine dans une grande casserole d'eau bouillante salée le temps indiqué sur le paquet. Égouttez-les, rafraîchissez-les rapidement sous l'eau froide.

3 Faites fondre l'oignon et le poivron pendant 6 à 8 min dans une grande poêle, dans la moitié de l'huile d'olive. Ajoutez les cubes de thon et le reste de l'huile d'olive. Laissez saisir les morceaux de thon 2 min à feu vif puis ajoutez les condiments, le vin blanc, du sel et du poivre. Laissez cuire 5 à 6 min à feu vif.

4 Mélangez les pâtes avec le thon et la sauce, faites chauffer le tout à feu vif en mélangeant et servez aussitôt.

LINGUINE AUX COQUILLAGES
ET AUX HERBES

POUR 4 PERSONNES

FACILE
COÛT €€

40 MIN DE PRÉPARATION
25 MIN DE CUISSON

400 g de linguine • 1 kg de palourdes • 1 kg de coques • 800 g de prairies • 3 échalotes • 2 gousses d'ail • 1 bouquet de persil • 10 feuilles de basilic • 5 cl d'huile d'olive • 10 cl de vin blanc • 1 branche de thym • 50 g de beurre • Sel, poivre du moulin

1 Lavez les coquillages dans plusieurs eaux pour en retirer le sable.

2 Épluchez et hachez les échalotes et les gousses d'ail. Lavez et hachez le persil, ciselez les feuilles de basilic. Faites fondre les échalotes et les gousses d'ail pendant 3 min dans l'huile d'olive, dans une grande casserole. Ajoutez les coquillages, le vin blanc, le thym, du sel et du poivre. Couvrez la casserole, laissez cuire les coquillages pendant 6 à 8 min à feu vif en les remuant à mi-cuisson. Laissez-les refroidir, filtrez le jus pour en récupérer environ 30 cl.

3 Décortiquez les coquillages. Faites cuire les linguine dans une grande casserole d'eau bouillante salée, le temps indiqué sur le paquet. Mettez le jus de cuisson des coquillages à bouillir pendant 2 min dans une grande casserole. Ajoutez le beurre froid en morceaux en fouettant, puis ajoutez les coquillages et les herbes hachées. Gardez au chaud sans faire bouillir.

4 Égouttez les linguine, mélangez-les avec les coquillages pendant 3 min à feu moyen. Répartissez les linguine et les coquillages dans les assiettes et servez aussitôt.

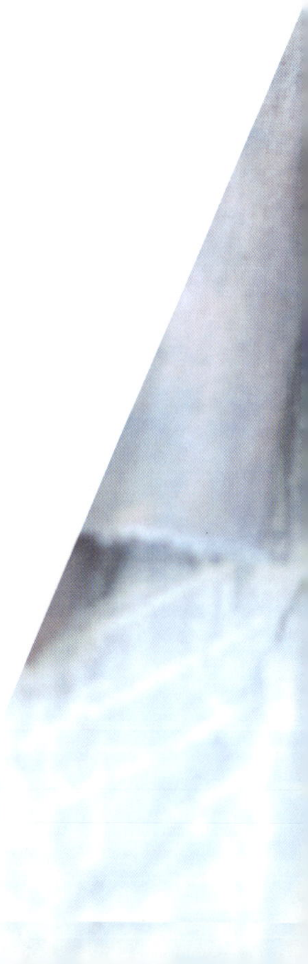

CONSEIL
Vous pouvez garder quelques coquillages entiers pour la décoration des assiettes. Accompagnez avec du parmesan râpé.

CANNELLONIS AUX ÉPINARDS
ET AU SAUMON

POUR 4 PERSONNES

FACILE
COÛT €€

45 MIN DE PRÉPARATION
45 MIN DE CUISSON

1,2 kg d'épinards frais • 20 g de beurre • 1 oignon rouge • 2 gousses d'ail • 5 cl d'huile d'olive • 600 g de filet de saumon • 80 cl de coulis de tomates • 16 tubes de cannellonis • 150 g de parmesan râpé • Sel, poivre du moulin

1 Équeutez et lavez les épinards. Émincez-les grossièrement puis faites-les cuire 4 à 5 min à feu vif dans une grande poêle avec le beurre. Égouttez-les dans une passoire.

2 Épluchez et hachez l'oignon et les gousses d'ail. Faites-les fondre 3 min à feu moyen dans une grande poêle avec l'huile d'olive. Ajoutez le saumon coupé en petits morceaux, augmentez le feu, laissez cuire 6 à 8 min à feu vif en remuant.

3 Ajoutez ensuite les épinards et 15 cl de coulis de tomates. Salez, poivrez, mélangez, laissez cuire 5 min. Éteignez le feu, laissez refroidir.

4 Chauffez le reste du coulis dans une casserole avec un peu d'eau. Préchauffez le four à 160 °C (th. 5-6). Garnissez généreusement les tubes de cannellonis en prenant la farce avec vos doigts.

5 Versez un peu de coulis au fond d'un grand plat à gratin, rangez les cannellonis dedans en les serrant bien les uns contre les autres. Versez le reste de coulis dessus et parsemez le tout de parmesan râpé. Enfournez les cannellonis pendant 40 à 45 min. Sortez-les du four et servez aussitôt.

RAVIOLIS AU SAUMON

POUR 4 PERSONNES

40 MIN DE PRÉPARATION
2H DE REPOS AU FRAIS POUR LES RAVIOLIS
15 MIN DE CUISSON

FACILE
COÛT €€

MATÉRIEL

1 laminoir à pâtes, 1 mixeur plongeant

400 g de pâte à pâtes • 150 g de saumon fumé en tranches • 150 g de ricotta • 20 feuilles de basilic • 40 cl de fumet de poisson • 10 cl d'huile d'olive • Sel, poivre du moulin

1 Hachez le saumon fumé. Mélangez-le dans un bol avec la ricotta, la moitié des feuilles de basilic hachées, du sel et du poivre. Étalez la pâte à pâtes et réalisez les raviolis en les garnissant avec la farce au saumon comme indiqué page 25.

2 Laissez reposer les raviolis au frais pendant 2 h.

3 Faites réduire d'un tiers le fumet de poisson dans une casserole à feu vif. Salez, poivrez, ajoutez l'huile d'olive puis mixez avec un mixeur plongeant et ajoutez le reste des feuilles de basilic hachées. Gardez la sauce au chaud sans la faire bouillir.

4 Au dernier moment, faites cuire les raviolis 4 à 5 min dans une grande casserole d'eau frémissante salée. Égouttez-les délicatement avec une écumoire. Répartissez-les dans des assiettes creuses, versez la sauce au basilic très chaude dessus et dégustez sans attendre avec du parmesan râpé.

SPAGHETTIS AUX SARDINES
ET À LA PANCETTA GRILLÉE

POUR 4 PERSONNES

FACILE
COÛT €€

30 MIN DE PRÉPARATION
25 MIN DE CUISSON

400 g de spaghettis • 12 tranches fines de pancetta • 8 grosses sardines à l'huile d'olive • 1 quartier de citron confit au sel • 80 g de caprons (grosses câpres) • Sel, poivre du moulin

1 Émincez les tranches de pancetta, faites-les rissoler dans une poêle. Retirez les arêtes des sardines puis émiettez-les dans un bol avec l'huile d'olive de la boîte. Coupez le citron confit en petits dés.

2 Faites chauffer le mélange de pancetta et de sardines pendant 5 min à feu vif dans une grande poêle avec les morceaux de citron, les caprons, du poivre et très peu de sel, gardez au chaud.

3 Faites cuire les spaghettis dans une grande casserole d'eau bouillante salée le temps indiqué sur le paquet. Égouttez-les dans une passoire, récupérez 10 cl de jus de cuisson des pâtes, ajoutez-les dans la poêle avec les sardines.

4 Mettez les spaghettis dans la poêle, mélangez-les délicatement avec une spatule.

5 Disposez les spaghettis dans les assiettes, parsemez leur surface de pancetta grillé et dégustez aussitôt.

S'intitola
Sull'orlo del
precipizio
(Sellerio,
pagine 128,
€ 8) il breve

CONCHIGLIONIS FARCIS AU VEAU ET AU JAMBON DE PARME
GRATINÉS AU PARMESAN

POUR 4 PERSONNES

FACILE
COÛT €€

30 MIN DE PRÉPARATION
40 MIN DE CUISSON

400 g de conchiglionis • 2 échalotes • 4 tranches de jambon de Parme un peu épaisses • 500 g de viande de veau hachée • 30 cl de coulis de tomates • 1 bouquet de thym • 120 g de parmesan • 2 cuil. à soupe d'huile d'olive • Sel, poivre

1 Épluchez et hachez les échalotes. Faites-les fondre 3 min dans une poêle dans l'huile d'olive. Ajoutez le jambon coupé en petits morceaux, laissez dorer 3 min, ajoutez la viande de veau, faites-la saisir 5 min à feu vif. Ajoutez 10 cl de coulis de tomates, le thym, du sel et du poivre, laissez mijoter 15 min à feu doux. En fin de cuisson, hors du feu, ajoutez la moitié du parmesan râpé, mélangez.

2 Faites cuire les conchiglionis 4 à 5 min dans de l'eau bouillante salée en prenant soin de ne pas les casser pendant la cuisson, ils doivent rester légèrement fermes. Égouttez-les et rafraîchissez-les sous l'eau froide. Mélangez le reste du coulis de tomates avec 10 cl d'eau.

3 Préchauffez le four à 180 °C (th. 6). Étalez le coulis au fond d'un plat à gratin. Garnissez les conchiglionis avec la farce de viande, déposez-les délicatement dans le plat à gratin. Parsemez la surface avec le reste de parmesan râpé. Mettez les conchiglionis à cuire 20 à 25 min au four. Sortez-les et servez aussitôt.

VARIANTE
Vous pouvez remplacer la viande de veau par du bœuf haché ou même de l'agneau.

PIZZA AU PARME,
FIGUES ET GORGONZOLA

POUR 4 PERSONNES
FACILE
COÛT €

20 MIN DE PRÉPARATION
15 MIN DE CUISSON

4 boules de pâte à pizza fraîche (voir recette p. 20) ou surgelée de 100 g environ • 4 tomates moyennes • 8 figues fraîches • 8 tranches fines de jambon de Parme • 30 cl de sauce tomate • 200 g de gorgonzola • 8 cl d'huile d'olive • 2 cuil. à soupe de miel liquide

1 Préchauffez le four à 240 °C (th. 8).

2 Étalez les boules de pâte à pizza, déposez-les sur des plaques de four farinées ou recouvertes d'une feuille de papier sulfurisé.

3 Lavez et coupez les tomates en tranches et les figues en quatre, coupez le jambon en lanières.

4 Répartissez la sauce tomate sur les pâtes à pizza en laissant environ 1,5 cm de pâte tout autour sans sauce. Répartissez les tranches de tomates et les quartiers de figues sur le coulis.

5 Parsemez de lanières de jambon, déposez le fromage en morceaux par-dessus. Arrosez d'huile d'olive et de miel, salez, poivrez.

6 Enfournez les pizzas pendant 10 à 15 min. Sortez-les du four et servez aussitôt.

CONSEIL
Vous pouvez parsemer vos pizzas de quelques feuilles de roquette assaisonnées avec une vinaigrette à l'huile d'olive et au citron.

PIZZA AUX 4 FROMAGES

POUR 4 PERSONNES

FACILE
COÛT €

20 MIN DE PRÉPARATION
15 MIN DE CUISSON

4 boules de pâte à pizza fraîche (voir recette p. 20) ou surgelée de 100 g environ • 200 g de fromage de chèvre en crottin • 200 g de mozzarella en boule • 200 g de gorgonzola • 100 g de parmesan • 40 cl de coulis de tomates

1 Préchauffez le four à 240 °C (th. 8).

2 Étalez les boules de pâte à pizza, déposez-les sur des plaques de four farinées ou recouvertes d'une feuille de papier sulfurisé.

3 Coupez le fromage de chèvre et la mozzarella en fines tranches et le gorgonzola en morceaux. Râpez le parmesan.

4 Étalez le coulis de tomates sur les ronds de pâte en laissant 1,5 cm de pâte tout autour sans coulis. Répartissez les fromages sur chaque pâte à pizza.

5 Enfournez les pizzas pendant 10 à 15 min. Sortez-les du four et dégustez-les aussitôt, accompagnées d'une belle salade croquante.

PIZZA CALZONE À LA NAPOLITAINE

POUR 4 PERSONNES

FACILE
COÛT €€

30 MIN DE PRÉPARATION
15 MIN DE CUISSON

4 boules de pâte à pizza fraîche (voir recette p. 20) ou surgelée de 100 g environ • 200 g de chorizo italien • 4 tranches de jambon blanc • 150 g de mozzarella • 40 cl de coulis de tomates • 150 g de ricotta • 4 œufs

1 Préchauffez le four à 240 °C (th. 8).

2 Étalez les boules de pâte à pizza, déposez-les sur des plaques de four farinées ou recouvertes d'une feuille de papier sulfurisé.

3 Coupez le chorizo, le jambon et la mozzarella en petits morceaux. Étalez le coulis de tomates sur la moitié de chaque rond de pâte. Déposez dessus les morceaux de chorizo, de jambon et de mozzarella. Émiettez la ricotta dessus puis cassez un œuf sur cette garniture.

4 Refermez délicatement les pizzas en leur donnant la forme de chaussons puis pliez les bords de la pâte en appuyant bien dessus pour les souder.

5 Enfournez les calzone pendant 10 à 15 min. Sortez-les du four et dégustez aussitôt.

PENNE À LA POUTARGUE
ET AUX CREVETTES

POUR 4 PERSONNES

FACILE
COÛT €€

30 MIN DE PRÉPARATION
20 MIN DE CUISSON

400 g de penne de couleur ou nature • 2 gousses d'ail • 5 cl d'huile d'olive • 400 g nets de petites crevettes décortiquées • 20 cl de fumet de poisson • 10 feuilles de basilic • 60 g de poutargue (œufs de mulet séchés) • Sel, poivre du moulin

1 Épluchez et hachez les gousses d'ail. Faites-les fondre pendant 3 min à feu doux dans l'huile d'olive dans une grande poêle. Ajoutez les crevettes, faites-les sauter 3 min à feu moyen.

2 Versez le fumet de poisson dans la poêle, laissez bouillir 5 min à feu vif, salez, poivrez puis ajoutez le basilic haché. Gardez au chaud sans faire bouillir.

3 Faites cuire les penne dans une grande casserole d'eau bouillante salée le temps indiqué sur le paquet. Égouttez-les puis mettez-les dans la poêle avec les crevettes et la sauce. Mélangez le tout en faisant chauffer à feu doux.

4 Répartissez les penne aux crevettes dans les assiettes, râpez très finement la poutargue dessus et dégustez aussitôt.

CONSEIL
Accompagnez avec du parmesan ou du pecorino fraîchement râpé.

PIZZA AUX ARTICHAUTS

POUR 4 PERSONNES

FACILE
COÛT : €€

20 MIN DE PRÉPARATION
15 MIN DE CUISSON

4 boules de pâte à pizza fraîche (voir recette p. 20) ou surgelée de 100 g environ • 8 artichauts à l'huile • 2 gousses d'ail • 40 cl de coulis de tomates • 2 belles brindilles de thym frais • 250 g de gorgonzola • 80 g de parmesan râpé • 100 g de petites olives noires • 10 cl d'huile d'olive

1 Préchauffez le four à 240 °C (th. 8).

2 Étalez les boules de pâte à pizza en ronds ou en rectangles, déposez-les sur des plaques de four farinées ou recouvertes d'une feuille de papier sulfurisé.

3 Épluchez et hachez les gousses d'ail. Mélangez-les avec le coulis de tomates et les brindilles de thym. Coupez les artichauts en quatre.

4 Étalez le coulis de tomates sur les ronds de pâte en laissant 1,5 cm de pâte tout autour sans coulis. Répartissez 8 quartiers d'artichaut sur chaque rond de pâte. Ajoutez le gorgonzola coupé en morceaux et le parmesan râpé. Déposez quelques olives dessus, arrosez les pizzas avec un filet d'huile d'olive.

5 Enfournez les pizzas pendant 10 à 15 min. Sortez-les du four et dégustez-les aussitôt, accompagnées d'une belle salade croquante.

RISOTTO ET POLENTA

RISOTTO AUX GAMBAS

POUR 4 PERSONNES

FACILE
COÛT €€

15 MIN DE PRÉPARATION
40 MIN DE CUISSON

280 g de riz arborio • 500 g de gambas crues • 1 gousse d'ail • 2 échalotes • 1 cuil. à soupe de piment d'espelette • 1 oignon • 4 cuil. à soupe d'huile d'olive • 10 cl de vin blanc sec • 50 g de beurre • 70 g de parmesan râpé • Sel

1 Décortiquez les gambas. Coupez les queues en deux, réservez-les au frais. Faites fondre pendant 2 min l'ail et les échalotes hachées dans une casserole dans 1 cuil. à soupe d'huile d'olive. Ajoutez les carapaces des gambas et la moitié du piment d'espelette. Laissez-les saisir pendant 2 min à feu vif en remuant sans arrêt.

2 Ajoutez 1,5 l d'eau, laissez cuire pendant 20 min à feu moyen. Filtrez le jus de cuisson dans un tamis pour en récupérer environ 1,2 l.

3 Faites fondre l'oignon haché dans une casserole avec 2 cuil. à soupe d'huile d'olive. Ajoutez le riz, nacrez-le puis versez le vin blanc dessus. Laissez cuire 5 min à feu vif. Versez 30 cl de fumet de gambas sur le riz, laissez cuire 17 à 18 min à feu moyen en ajoutant du fumet au fur et à mesure qu'il est absorbé, jusqu'à ce que le riz soit cuit, en remuant très souvent avec une spatule.

4 Pendant ce temps, saisissez les demi-queues de gambas pendant 2 min dans une poêle avec le reste d'huile d'olive, salez-les et saupoudrez-les de piment d'espelette. En fin de cuisson du risotto, ajoutez le beurre froid coupé en morceaux, le parmesan et les gambas. Mélangez et servez aussitôt.

CONSEIL

Vous pouvez utiliser des gambas déjà cuites. Dans ce cas, décortiquez-les juste avant de les saisir à la poêle et remplacez le jus de gambas maison par un fumet tout prêt que vous pouvez aromatiser au piment d'espelette.

RISOTTO
AU PESTO DE ROQUETTE

POUR 4 PERSONNES

20 MIN DE PRÉPARATION
25 MIN DE CUISSON

FACILE
COÛT €

MATÉRIEL

1 mini-hachoir

280 g de riz arborio • 1,2 l de bouillon de légumes • 1 gousse d'ail • 120 g de roquette • 3 échalotes • 2 cuil. à soupe d'huile d'olive • 15 cl de vin blanc • 50 g de beurre • 70 g de parmesan râpé • Sel, poivre

1 Faites chauffer le bouillon de légumes dans une casserole. Hachez l'ail et la roquette. Dans une casserole, faites-les fondre dans 1 cuil. à soupe d'huile d'olive pendant 2 min sans les laisser prendre couleur. Ajoutez 10 à 15 cl de bouillon, laissez frémir 1 min puis mixez le tout avec un mini-hachoir ou au mixeur à bras pour obtenir un coulis vert.

2 Dans une casserole, faites fondre les échalotes dans 1 cuil. à soupe d'huile d'olive pendant 3 min sans les laisser prendre couleur. Ajoutez le riz, nacrez-le puis versez le vin blanc, salez, poivrez, laissez cuire 5 min à feu vif.

3 Versez encore 30 cl de bouillon, laissez cuire 15 à 16 min en ajoutant du bouillon au fur et à mesure qu'il est absorbé par le riz, tout en mélangeant régulièrement.

4 En fin de cuisson du riz, ajoutez le coulis de roquette, laissez cuire 2 à 3 min puis, hors du feu, ajoutez le beurre froid en morceaux et le parmesan. Enrobez le riz et servez aussitôt.

RISOTTO AU POTIRON

POUR 4 PERSONNES

FACILE
COÛT €

20 MIN DE PRÉPARATION
20 MIN DE CUISSON

250 g de riz arborio • 80 cl de bouillon de légumes • 1 oignon • 300 g de potiron • 15 cl de vin blanc • 40 g de beurre • 80 g de parmesan râpé • 5 cl d'huile d'olive • Sel, poivre du moulin

1 Mettez le bouillon de légumes à chauffer dans une casserole. Épluchez et hachez l'oignon. Taillez le potiron en petits dés. Faites fondre l'oignon 3 min dans une casserole dans l'huile d'olive. Ajoutez le riz et les cubes de potiron. Enrobez-les dans l'huile et l'oignon, salez, poivrez. Ajoutez le vin blanc, portez à ébullition, laissez réduire presque à sec.

2 Versez un peu de bouillon de légumes à hauteur du riz, portez à ébullition, laissez le riz boire le bouillon. Recommencez l'opération jusqu'à épuisement du bouillon. La cuisson dure 18 min environ pour garder le riz légèrement croquant.

3 Hors du feu, ajoutez le beurre froid en morceaux et le parmesan râpé. Mélangez délicatement en enrobant bien le riz et servez aussitôt.

CONSEIL

Ne salez pas trop le risotto si vous utilisez du bouillon cube car celui-ci est déjà très salé.

POLENTA CRÉMEUSE
AUX OLIVES VERTES

POUR 4 PERSONNES

FACILE
COÛT €

10 MIN DE PRÉPARATION
5 MIN DE CUISSON

90 g de polenta • 120 g d'olives vertes dénoyautées • 2 gousses d'ail • 75 cl de lait • 30 g de beurre • 15 cl de crème liquide • 50 g de parmesan râpé • Sel, poivre du moulin

1 Hachez grossièrement les olives vertes.

2 Épluchez et dégermez les gousses d'ail.

3 Faites bouillir le lait avec les gousses d'ail entières, du sel et du poivre. Baissez le feu, versez la polenta en pluie dans le lait en mélangeant au fouet.

4 Laissez-la cuire 5 à 7 min à feu moyen en mélangeant sans cesse. Hors du feu, ajoutez le beurre et la crème liquide.

5 Mélangez puis ajoutez le parmesan et les olives vertes. Dégustez aussitôt.

CONSEIL
Servez la polenta en accompagnement d'une viande blanche ou avec du poisson grillé.

GALETTE DE POLENTA
AUX ANCHOIS GRATINÉE AU PECORINO

POUR 4-6 PERSONNES

FACILE
COÛT €

30 MIN DE PRÉPARATION
25 MIN DE CUISSON

110 g de polenta • 120 g de pecorino poivré • 120 g d'anchois à l'huile • 60 cl de lait • 3 branches de thym frais • 5 cl d'huile d'olive • Sel, poivre du moulin

1 Râpez le pecorino, égouttez et hachez les anchois. Faites bouillir le lait dans une casserole avec du sel et du poivre. Versez la polenta en pluie, laissez-la cuire 5-7 min à feu doux en remuant avec une spatule.

2 Hors du feu, ajoutez les deux tiers du pecorino râpé et les anchois hachés puis versez la polenta dans un plat huilé. Lissez la surface, laissez-la refroidir puis placez-la au frais pendant 2 h pour la faire durcir.

3 Préchauffez le four à 200° C (th. 7). Démoulez délicatement la polenta, coupez-la en carrés et déposez ceux-ci sur une plaque de four recouverte d'une feuille de papier sulfurisé.

4 Parsemez la surface de la polenta avec le restant de pecorino râpé. Mettez-la à gratiner 15 min au four, servez aussitôt bien chaud, en accompagnement d'une viande blanche ou d'agneau.

CONSEIL
Vous pouvez remplacer les anchois par des sardines à l'huile ou de la tomate séchée, des olives, des herbes, etc.

SOUPES, LÉGUMES ET ACCOMPA-GNEMENTS

MINESTRONE

POUR 4 PERSONNES

FACILE
COÛT €

30 MIN DE PRÉPARATION
1 H DE CUISSON

2 carottes • 2 grosses pommes de terre • 2 courgettes • 1 tranche épaisse de jambon cru • 2 gousses d'ail • 1 oignon • 1 branche de romarin • 2 tomates • 10 feuilles de basilic • 2 cuil. à soupe de parmesan râpé • 150 g de petits pois frais • 150 g de petites pâtes • 3 cuil. à soupe d'huile d'olive • Sel, poivre du moulin

1 Épluchez les carottes, les pommes de terre, lavez les courgettes et taillez tous ces légumes en petits dés. Coupez le jambon en petits morceaux. Épluchez l'ail et l'oignon, détaillez-les en fines lamelles.

2 Dans une casserole, faites fondre l'oignon et l'ail avec le jambon dans 2 cuil. à soupe d'huile d'olive. Ajoutez les dés de carottes, de pommes de terre et de courgettes puis versez 2 l d'eau dans la cocotte. Salez, poivrez, ajoutez le romarin, portez à ébullition et laissez cuire 30 min environ à feu doux.

3 Pendant ce temps, plongez les tomates pendant 20 s dans de l'eau bouillante. Rafraîchissez-les dans de l'eau froide, retirez leur peau, coupez-les en deux, épépinez-les et coupez-les en petits morceaux. Hachez le basilic, mélangez-le au restant d'huile d'olive et au parmesan.

4 Au bout de 30 min de cuisson, ajoutez les tomates, les petits pois et les pâtes. Laissez cuire encore 15 min à feu doux. Au moment de servir, ajoutez le mélange d'huile d'olive au basilic et au parmesan.

SOUPE AU PESTO

POUR 4 PERSONNES

FACILE
COÛT €€

45 MIN DE PRÉPARATION
1 H DE CUISSON

200 g de carottes • 2 petits oignons blancs • 250 g de pommes de terre • 200 g de haricots verts • 1 blanc de poireau • 1 tomate • 1 courgette • 150 g de poitrine de porc demi-sel • 5 cl d'huile d'olive • 1 branche de romarin • 200 g de haricots blancs cuits • 120 g de petits pois • 120 g de petites pâtes • 4 cuil. à soupe de pesto

1 Épluchez les carottes, les petits oignons et les pommes de terre, coupez-les en petits cubes. Écossez et taillez les haricots verts en petits tronçons. Émincez et lavez le poireau, épépinez et taillez la tomate en petits cubes. Lavez et taillez la courgette en petits cubes puis taillez la poitrine également en petits cubes.

2 Mettez les morceaux de poitrine dans une casserole. Couvrez-les d'eau froide, portez à ébullition pendant 2 min. Égouttez-les et rafraîchissez-les dans une petite passoire.

3 Dans une cocotte, faites revenir les morceaux de poireau, les oignons, les carottes, les haricots, les pommes de terre et la poitrine pendant 5 min dans l'huile d'olive. Versez 2,5 l d'eau sur les légumes, ajoutez le romarin, salez, poivrez. Portez à ébullition, laissez cuire 30 min à feu doux.

4 Au bout de ce temps, ajoutez les haricots blancs égouttés et rincés, la tomate et les petits pois, laissez cuire encore 15 min puis ajoutez les pâtes et prolongez la cuisson encore 15 min.

5 Hors du feu, ajoutez le pesto en mélangeant comme pour une mayonnaise. Servez aussitôt dans des grandes assiettes. Accompagnez avec de fines tranches de pain grillé frotté à l'ail.

SALADE D'ENCORNETS
GRILLÉS AUX OLIVES ET À LA SARRIETTE

POUR 4 PERSONNES

FACILE
COÛT €€

30 MIN DE PRÉPARATION
4 H DE RÉFRIGÉRATION
10 MIN DE CUISSON

800 g d'encornets frais • 15 cl d'huile d'olive • 2 gousses d'ail • 1 bouquet de sarriette fraîche • 5 cl de vinaigre balsamique • 2 cuil. à soupe de vinaigre de xeres • 12 tomates cerise • 150 g de petites olives noires dénoyautées • Sel, poivre du moulin

1 Nettoyez les encornets, lavez-les sous l'eau froide et égouttez-les. Faites chauffer un gril ou une poêle avec 1 cuil. à soupe d'huile d'olive, mettez les encornets à griller 8 à 10 min à feu moyen en les retournant souvent. Mettez-les sur une assiette, laissez-les refroidir.

2 Épluchez et écrasez les gousses d'ail. Effeuillez la sarriette. Mélangez les deux vinaigres dans un saladier avec du sel et du poivre. Ajoutez la sarriette, le reste de l'huile d'olive et les gousses d'ail écrasées.

3 Lavez les tomates cerise et coupez-les en deux. Coupez les encornets en rondelles de 5 mm d'épaisseur environ.

4 Assaisonnez les rondelles d'encornets, les tomates cerise et les olives avec la vinaigrette à la sarriette. Couvrez le saladier avec un film alimentaire et placez-le au réfrigérateur pendant au moins 4 h avant de servir la salade.

CONSEIL
Ne cuisez pas les encornets trop longtemps, ils risqueraient de devenir caoutchouteux.

SALADE DE FENOUIL
A L'ORANGE ET AUX ANCHOIS

POUR 4 PERSONNES

FACILE
COÛT €

30 MIN DE PRÉPARATION
10 MIN DE CUISSON
POUR LES ŒUFS

1 gros bulbe de fenouil • 3 œufs + 1 jaune • 3 oranges • 5 cl d'huile d'olive • 1 cuil. à café de moutarde • 1 cuil. à soupe de vinaigre de xeres • 10 anchois entiers à l'huile • Sel, poivre

1 Faites cuire 3 œufs dans l'eau bouillante salée pendant 10 min. Rafraîchissez-les sous l'eau froide, laissez-les refroidir puis écalez-les.

2 Pelez 2 oranges à vif, prélevez leurs quartiers et coupez-les en morceaux. Pressez la troisième orange.

3 Dans un récipient haut, mettez un jaune d'œuf dur avec le jaune d'œuf cru, le jus d'orange, l'huile d'olive, la moutarde, le vinaigre, 2 anchois auxquels vous aurez ôté les arêtes, du sel et du poivre. Mixez le tout pour obtenir une sauce un peu épaisse.

4 Hachez le reste des œufs durs. Nettoyez et émincez finement le fenouil avec une râpe ou un couteau. Mettez-le dans un récipient avec les quartiers d'oranges. Ajoutez la sauce et les œufs durs hachés, mélangez. Répartissez la salade dans les assiettes, déposez 2 anchois à l'huile dessus et servez bien frais.

SALADE DE POULPE
AUX CAPRES ET AU CITRON

FACILE
COÛT €€

20 MIN DE PRÉPARATION
1 H DE RÉFRIGÉRATION
PAS DE CUISSON

600 g de petits poulpes cuits • 3 citrons • 10 cl d'huile d'olive • 2 échalotes • 80 g de câpres • Sel, poivre du moulin

1 Pelez à vif 2 citrons puis prélevez délicatement les quartiers avec la lame d'un couteau tranchant et coupez-les en morceaux. Pressez le troisième citron. Mélangez le jus dans un bol avec du sel et du poivre. Ajoutez l'huile d'olive en fouettant.

2 Épluchez et hachez les échalotes. Mélangez les petits poulpes dans un saladier avec les morceaux de citrons, les câpres égouttées, les échalotes hachées et la sauce au citron. Laissez mariner 1 h au frais avant de déguster.

CONSEIL

Vous pouvez utiliser des poulpes frais mais ce n'est pas facile à trouver chez le poissonnier. Si c'est le cas, faites-les cuire de 30 min à 1 h selon leur taille dans de l'eau bouillante salée, laissez-les refroidir puis coupez-les en morceaux.

SALADE DE BRESAOLA
AU PARMESAN ET ROQUETTE

POUR 4 PERSONNES

FACILE
COÛT €€

30 MIN DE PRÉPARATION
PAS DE CUISSON

24 tranches fines de bresaola • 5 cl de vinaigre balsamique • 5 cl d'huile d'olive • 6 artichauts à l'huile • 120 g de parmesan entier • 150 g de roquette • 100 g d'olives noires dénoyautées • Sel, poivre du moulin

1 Mélangez le vinaigre balsamique dans un saladier avec du sel et du poivre. Ajoutez l'huile d'olive en fouettant. Coupez les artichauts en quatre. Coupez le parmesan en copeaux à l'aide d'un couteau. Roulez délicatement les tranches de bresaola.
Mélangez la roquette avec la vinaigrette.

2 Répartissez la salade dans quatre assiettes calotte. Déposez 6 quartiers d'artichauts et 6 tranches de bresaola roulée dans chaque assiette. Répartissez les olives et les copeaux de parmesan dans les assiettes et dégustez aussitôt.

CONSEIL
Cette salade se prépare au dernier moment afin de garder la fraîcheur de la salade et le craquant des copeaux de parmesan.

CARPACCIO D'ARTICHAUT
AU PARMESAN ET XERES

POUR 4 PERSONNES

FACILE
COÛT €

30 MIN DE PRÉPARATION
30 MIN DE MARINADE
PAS DE CUISSON

8 artichauts violets • Le jus d'un citron et demi • 2 cuil. à soupe de vinaigre de xeres • 8 cl d'huile d'olive • 100 g deparmesan entier • 80 g de petites olives noires dénoyautées • 100 g de roquette • Sel, poivre du moulin

1 Mettez le jus d'un demi-citron dans un récipient avec 1 l d'eau froide. Tournez délicatement les artichauts, retirez le foin puis mettez-les à tremper dans l'eau citronnée. Mettez le reste du jus de citron dans un bol avec le vinaigre, du sel et du poivre. Mélangez puis ajoutez l'huile d'olive. Taillez le parmesan en copeaux avec la lame d'un couteau. Égouttez les artichauts, taillez-les en tranches très fines.

2 Nappez légèrement le fond de quatre assiettes avec un peu de marinade au citron à l'aide d'un pinceau. Répartissez les tranches d'artichauts dessus puis nappez le dessus avec de la marinade, gardez-en un peu pour assaisonner la salade. Placez les assiettes au frais pendant 30 min.

3 Au moment de servir, assaisonnez la roquette avec le reste de marinade. Sortez les assiettes, répartissez les olives et les copeaux de parmesan sur les artichauts, donnez un tour de moulin à poivre et déposez un petit bouquet de roquette sur votre carpaccio.

PEPERONATA

POUR 4 PERSONNES

30 MIN DE PRÉPARATION
2 H DE RÉFRIGÉRATION
45 MIN DE CUISSON

FACILE
COÛT €

MATÉRIEL

1 mini-robot
ou un blender

4 gros poivrons rouges • 20 g de pignons de pin • 3 gousses d'ail • 1 ficelle de pain • 12 cl d'huile d'olive • Sel, poivre du moulin

1 Préchauffez le four à 180 °C (th. 6). Enveloppez chaque poivron individuellement dans une feuille de papier d'aluminium. Mettez les poivrons à cuire pendant 45 min au four.

2 Pendant ce temps, faites griller les pignons de pin à sec dans une poêle. Sortez les poivrons du four, laissez-les refroidir dans le papier d'aluminium. Lorsqu'ils sont complètement froids, retirez délicatement la peau et les pépins puis rincez-les rapidement sous l'eau froide. Laissez-les s'égoutter dans une passoire.

3 Épluchez les gousses d'ail. Coupez le pain en tranches fines. Frottez les tranches de pain avec une gousse d'ail. Mettez-les sur une plaque de four, arrosez-les avec 5 cl d'huile d'olive puis faites-les dorer sous le gril du four pendant 3 min. Mettez les poivrons grillés et égouttés dans le bol d'un mini-robot ou d'un blender avec 2 gousses d'ail, les pignons de pin, le reste de l'huile d'olive, du sel et du poivre.

4 Faites tourner le tout pendant 2 min pour obtenir une purée épaisse. Versez la peperonata dans un grand bol, placez-la au frais pendant au moins 2 h. Servez accompagné des petits croûtons dorés à l'ail.

SALADE DE POIVRONS
GRILLÉS AUX PIGNONS, AIL ET BASILIC

POUR 4 PERSONNES

FACILE
COÛT €

20 MIN DE PRÉPARATION
45 MIN DE CUISSON
4 H DE RÉFRIGÉRATION

4 poivrons rouges • 2 poivrons jaunes • 60 g de pignons de pin • 3 gousses d'ail • 15 cl d'huile d'olive • 12 feuilles de basilic • Sel, poivre du moulin

1 Préchauffez le four en position gril à 180 °C (th. 6). Lavez et déposez les poivrons sur une plaque de four. Mettez-les sous le gril du four à mi-hauteur pendant 45 min en les retournant souvent. La peau des poivrons doit noircir et perler.

2 Sortez les poivrons, laissez-les refroidir. Faites griller les pignons de pin pendant 5 min à feu vif dans une poêle sans matière grasse. Épluchez les gousses d'ail et coupez-les en quatre.

3 Une fois les poivrons refroidis, épluchez-les délicatement en retirant la peau avec la pointe d'un couteau, retirez les pépins et rincez légèrement les poivrons sous l'eau froide. Mettez-les à égoutter dans une passoire.

4 Taillez les poivrons en grosses lanières. Disposez-les dans un plat creux avec les gousses d'ail, du sel et du poivre. Ciselez les feuilles de basilic, parsemez les poivrons avec. Arrosez le tout d'huile d'olive, placez les poivrons au frais pendant 4 h avant de déguster.

CONSEIL

Servez cette salade de poivrons avec des toasts de pain grillé à l'huile d'olive. Vous pouvez les accompagner avec de la mozzarella classique ou fumée.

OIGNONS FARCIS

POUR 4 PERSONNES

FACILE
COÛT €

40 MIN DE PRÉPARATION
45 MIN DE CUISSON

4 gros oignons jaunes • 20 g de beurre • 20 g de farine • 30 cl de lait • 4 tranches de jambon de Parme un peu épaisses • 80 g de parmesan râpé • 5 cl d'huile d'olive • Sel, poivre du moulin

1 Épluchez délicatement les oignons. Faites-les cuire 20 min dans une casserole d'eau frémissante salée. Égouttez-les dans une passoire, laissez-les refroidir.

2 Faites fondre le beurre dans une casserole. Ajoutez la farine, mélangez, laissez cuire 4 à 5 min à feu doux en remuant pour obtenir un roux blanc. Ajoutez le lait froid, salez, poivrez, portez à ébullition en mélangeant au fouet, laissez bouillir 3 min toujours en remuant pour obtenir une béchamel.

3 Videz délicatement les oignons avec la pointe d'un couteau et une cuillère. Hachez la moitié de ce que vous avez récupéré et faites-la cuire 6 à 8 min à feu doux dans une poêle dans la moitié de l'huile d'olive. Coupez le jambon en petits morceaux, ajoutez-les à la poêle avec les oignons, laissez rissoler 2 min.

4 Préchauffez le four à 180 °C (th. 6). Mélangez la béchamel avec les oignons et le jambon ainsi que la moitié du parmesan. Garnissez l'intérieur des oignons avec la préparation.

5 Disposez les oignons farcis dans un plat allant au four, parsemez la surface avec le reste de parmesan puis arrosez-les avec le reste de l'huile d'olive. Mettez-les à cuire pendant 20 min jusqu'à ce qu'ils soient gratinés. Sortez le plat du four et servez aussitôt.

CONSEIL
Cette recette peut se manger en entrée avec une salade de mesclun ou en accompagnement d'une viande grillée.

COURGETTES FARCIES

POUR 4 PERSONNES

FACILE
COÛT €

30 MIN DE PRÉPARATION
45 MIN DE CUISSON

4 belles courgettes rondes • 2 échalotes • 2 gousses d'ail • 2 branches de cerfeuil • 2 branches de persil • 8 tranches fines de pancetta • 400 g de chair de veau hachée • 80 g de parmesan râpé • 1 œuf • 10 cl d'huile d'olive • Sel, poivre du moulin

1 Lavez les courgettes, faites-les cuire entières 4 à 5 min dans une grande casserole d'eau bouillante salée. Égouttez-les et rafraîchissez-les sous l'eau froide. Coupez légèrement la base pour les faire tenir debout puis coupez le chapeau et videz-les délicatement à l'aide d'une petite cuillère.

2 Préchauffez le four à 170 °C (th. 5-6). Épluchez et hachez les échalotes et les gousses d'ail.

3 Lavez et hachez les herbes. Émincez les tranches de pancetta. Faites fondre l'ail et l'échalote 3 min dans une poêle dans la moitié de l'huile d'olive. Ajoutez la pancetta, laissez-la rissoler 3 min à feu vif. Mélangez la viande hachée dans un récipient avec la pancetta, l'ail et l'échalote, les herbes, le parmesan, l'œuf entier, du sel et du poivre.

4 Garnissez les courgettes avec la farce, elle doit dépasser du bord des légumes. Posez un chapeau sur chacune d'elles puis rangez-les dans un plat allant au four. Arrosez-les avec le reste de l'huile d'olive, versez 10 cl d'eau au fond du plat.

5 Mettez les courgettes à cuire 35 à 40 min en les arrosant 2 à 3 fois pendant la cuisson avec le jus du plat.

6 Sortez les courgettes, servez-les aussitôt.

CONSEIL

Vous pouvez également réaliser cette recette avec des courgettes longues. Dans ce cas, choisissez-les de taille moyenne. Trop grosses, elles seraient pleines de pépins.

GRATIN DE GNOCCHIS

POUR 4 PERSONNES

FACILE
COÛT €

30 MIN DE PRÉPARATION
30 MIN DE CUISSON

500 g de gnocchis frais • 40 g de beurre + 10 g pour le moule • 30 g de farine • 60 cl de lait • Noix muscade • 120 g de parmesan râpé • Sel, poivre du moulin

1 Plongez les gnocchis dans une grande casserole d'eau bouillante salée pendant 2 à 3 min. Ils sont cuits quand ils remontent à la surface. Égouttez-les dans une passoire, rafraîchissez-les légèrement sous l'eau froide.

2 Faites fondre 40 g de beurre dans une casserole. Ajoutez la farine, laissez cuire 3 min pour obtenir un roux blanc. Ajoutez le lait froid, 2 pincées de noix de muscade, du sel et du poivre. Portez à ébullition en fouettant, laissez cuire cette béchamel pendant 3 à 4 min à feu moyen, toujours en remuant.

3 Hors du feu, ajoutez la moitié du parmesan râpé. Préchauffez le four à 180 °C (th. 6). Mettez les gnocchis dans un plat à gratin beurré. Versez la béchamel dessus, lissez la surface, parsemez avec le reste de parmesan râpé. Mettez les gnocchis à gratiner 20 à 25 min au four. Sortez-les du four, servez aussitôt en entrée ou pour accompagner une viande.

PARMIGIANA

POUR 4 PERSONNES

FACILE
COÛT €€

1 H POUR FAIRE DÉGORGER LES AUBERGINES
30 MIN DE PRÉPARATION
40 MIN DE CUISSON

800 g d'aubergines • 1 poignée de gros sel • 250 g de mozzarella • 80 g de farine • 40 cl de coulis de tomates • 150 g de parmesan râpé • 10 cl d'huile d'olive

1 Lavez et coupez les aubergines en tranches de 3 à 4 mm d'épaisseur environ. Mettez-les dans une passoire avec le gros sel, laissez-les dégorger pendant 1 h environ. Coupez la mozzarella en petits morceaux. Huilez un plat à gratin, préchauffez le four à 180 °C (th. 6).

2 Retirez l'excédent de sel sur les aubergines, passez-les dans la farine puis faites-les frire 3 à 4 min dans une poêle, dans le restant d'huile d'olive. Égouttez-les sur un papier absorbant.

3 Versez un peu de coulis de tomates dans le fond du plat. Tapissez le fond de rondelles d'aubergines puis parsemez de morceaux de mozzarella et de parmesan râpé. Renouvelez l'opération jusqu'à épuisement des ingrédients en terminant par du coulis et les deux fromages. Enfournez pendant 30 à 40 min. Sortez le gratin et servez aussitôt.

VIANDES, POISSONS ET FRUITS DE MER

SALTIMBOCCA AU PARME, PARMESAN ET SAUGE

POUR 4 PERSONNES

FACILE
COÛT €€

20 MIN DE PRÉPARATION
15 MIN DE CUISSON

80 g de parmesan • 8 feuilles de sauge • 4 escalopes de veau très fines (demandez à votre boucher de les aplatir) • 4 tranches fines de jambon de Parme • 15 cl de jus de veau • 5 cl d'huile d'olive • 20 g de beurre • Sel, poivre du moulin • Piques en bois

1 Taillez le parmesan en copeaux fins, émincez grossièrement les feuilles de sauge.

2 Étalez les escalopes de veau sur le plan de travail. Assaisonnez-les, déposez une tranche de jambon de Parme sur chaque escalope puis répartissez les copeaux de parmesan et les feuilles de sauge émincée dessus.

3 Roulez les escalopes en les serrant légèrement, plantez une pique en bois pour les maintenir roulées.

4 Chauffez doucement l'huile d'olive dans une poêle, mettez les saltimbocca à cuire pendant 10-12 min à feu moyen en les retournant régulièrement.

5 Retirez les saltimbocca de la poêle, posez-les sur une assiette, couvrez-les avec une feuille de papier d'aluminium. Dégraissez et déglacez la poêle avec le jus de veau. Laissez-le réduire de moitié puis ajoutez le beurre en fouettant. Vérifiez l'assaisonnement de la sauce, remettez les saltimbocca à chauffer 3 min dans la sauce et servez aussitôt.

CONSEIL
Vous pouvez remplacer le parmesan par du pecorino ou un autre fromage. Accompagnez les saltimbocca avec des spaghettis sautés au beurre et à la sauge.

OSSO BUCCO À LA MILANAISE

POUR 4 PERSONNES

FACILE
COÛT €€

30 MIN DE PRÉPARATION
2 H DE CUISSON

4 tranches de jarret de veau de 250 g environ • 2 carottes • 2 branches de céleri • 2 gousses d'ail • 1 boîte de tomates pelées ou 30 cl de coulis de tomates • 3 cuil. à soupe de farine • 30 cl de vin blanc • 1 branche de thym • 1 feuille de laurier • 100 g de petites olives noires • 5 cl d'huile d'olive • Sel, poivre

1 Épluchez et taillez les carottes et les branches de céleri en petits morceaux, épluchez et hachez les gousses d'ail, mixez les tomates pelées si vous n'utilisez pas de coulis.

2 Passez les tranches de jarret dans la farine, tapotez-les pour enlever l'excédent de farine. Dans une cocotte, faites dorer les tranches de jarret farinées dans l'huile. Une fois dorées, retirez-les puis ajoutez les légumes et l'ail, laissez cuire 5 min à feu moyen.

3 Versez le vin blanc dans la cocotte, faites bouillir 5 min puis ajoutez les tomates pelées mixées ou le coulis de tomates, le thym, le laurier, du sel, du poivre et les tranches de jarret. Couvrez la cocotte, laissez cuire 1 h 45 à 2 h à feu doux en remuant de temps en temps et en ajoutant un peu d'eau en cours de cuisson si la sauce épaissit trop. 15 min avant la fin de la cuisson, ajoutez les olives.

CONSEIL

Accompagnez votre osso bucco d'un bon plat de spaghettis.

POLPETTI

POUR 4 PERSONNES
FACILE
COÛT €€

30 MIN DE PRÉPARATION
1 H DE CUISSON

1 tranche de pain de mie sans croûte • 5 cl de lait • 2 tranches épaisses de pancetta • 1 bouquet de persil • 400 g d'épaule de veau hachée • 400 g d'épaule de porc hachée • 100 g de parmesan râpé • 1 œuf • 1 oignon • 2 cuil. à soupe de concentré de tomates • 10 cl d'huile d'olive • Sel, poivre du moulin

1 Mettez la tranche de pain à tremper dans un bol avec le lait. Coupez les tranches de pancetta en petits cubes. Lavez et hachez le persil. Mélangez les deux viandes dans un grand récipient avec le parmesan, les cubes de pancetta, le pain de mie gonflé dans le lait, le persil haché, l'œuf, du sel et du poivre. Malaxez bien le tout pendant 5 min puis formez des boules de la taille d'une grosse noix. Aplatissez-les légèrement pour en faire des galettes.

2 Épluchez et émincez l'oignon. Faites-le fondre 5 min dans une cocotte avec la moitié de l'huile d'olive. Ajoutez le concentré de tomates, du sel et du poivre. Laissez cuire 2 min puis ajoutez 60 cl d'eau. Portez à ébullition et laissez mijoter à feu très doux.

3 Dans une grande poêle, faites dorer les galettes de viande dans le reste de l'huile d'olive 2 min de chaque côté. Une fois dorées, mettez-les dans la sauce, dans la cocotte. Couvrez la cocotte, laissez mijoter 45 à 50 min à feu doux. Servez bien chaud accompagné de pâtes fraîches.

FOIE DE VEAU À LA VENITIENNE

POUR 4 PERSONNES

FACILE
COÛT €€

20 MIN DE PRÉPARATION
30 MIN DE CUISSON

2 tranches épaisses de foie de veau de 300 g environ • 1 bouquet de persil • 2 oignons • 60 g de beurre • 2 cuil. à soupe de farine • 5 cl de vinaigre de vin blanc • 5 cl de vinaigre balsamique • Sel, poivre du moulin

1 Lavez et ciselez le persil. Épluchez et émincez les oignons. Faites chauffer la moitié du beurre dans une grande poêle, ajoutez les oignons émincés, salez, poivrez, laissez cuire 20 à 25 min à feu moyen en les faisant légèrement colorer.

2 Coupez les tranches de foie en gros cubes. Assaisonnez-les puis passez-les dans la farine. Mettez le reste du beurre dans une poêle et faites-y cuire les morceaux de foie pendant 4 à 5 min selon votre goût.

3 Dégraissez la poêle puis déglacez-la en versant dedans, à feu vif, le vinaigre de vin et le vinaigre balsamique. Ajoutez les oignons confits avec les morceaux de foie de veau et la sauce, parsemez de persil haché et servez aussitôt.

CONSEIL

Accompagnez avec des pommes de terre sautées au persil ou des pâtes fraîches.

CÔTES DE VEAU À LA GREMOLATA

POUR 4 PERSONNES

FACILE
COÛT €€

30 MIN DE PRÉPARATION
30 MIN DE CUISSON

2 côtes de veau épaisses de 450 g environ • 1 orange non traitée • 1 citron non traité • 1 gros bouquet de persil • 2 gousses d'ail • ½ cuil. à café de muscade râpée • 10 cl d'huile d'olive • Sel, poivre du moulin

1 Zestez l'orange et le citron, lavez et hachez le persil, épluchez et hachez les gousses d'ail. Mélangez-les dans un bol avec le persil, l'ail, les zestes d'orange et de citron, la muscade râpée, du sel, du poivre et la moitié de l'huile d'olive.

2 Badigeonnez les côtes de veau avec le reste de l'huile d'olive. Posez-les sur un gril froid. Allumez le feu et, une fois à température, comptez 12 à 15 min de cuisson de chaque côté à feu moyen pour une cuisson rosée. 5 min avant la fin de la cuisson, assaisonnez les côtes de veau et répartissez la garniture dessus.

3 Éteignez le feu, couvrez délicatement les côtes avec une feuille de papier aluminium, laissez reposer 10 min et servez.

CONSEIL
Vous pouvez accompagner les côtes avec un jus de veau réalisé dans une casserole à part (ajoutez-y quelques zestes de citron).

TARTARE DE VEAU
À LA MOUTARDE

POUR 4 PERSONNES

FACILE
COÛT €€

30 MIN DE PRÉPARATION
30 MIN DE RÉFRIGÉRATION
PAS DE CUISSON

600 g de filet mignon de veau • 100 g de câpres • 1 bouquet de persil • 4 petits oignons nouveaux • 1 petit piment rouge • 2 grosses cuil. à soupe de moutarde forte • 5 cl de jus de citron • 4 jaunes d'œufs • 1 poignée de roquette • Pain grillé • Sel, poivre du moulin

1 Dégraissez le filet mignon de veau puis hachez-le finement au couteau. Hachez les câpres, lavez et hachez le persil, nettoyez et hachez les petits oignons, hachez le piment.

2 Mettez la viande dans un grand récipient avec le persil, les câpres, le piment, les oignons, la moutarde, le jus de citron, du sel et du poivre. Mélangez puis laissez reposer le tartare 30 min au frais.

3 Répartissez le tartare dans 4 assiettes. Déposez un jaune d'œuf et quelques feuilles de roquette au centre de chaque et servez aussitôt avec des petites tranches de pain grillé.

CONSEIL

Vous pouvez servir ce tartare avec des copeaux de parmesan frais et l'assaisonner selon votre goût avec du tabasco ou du piment en poudre.

ESCALOPE DE VEAU
À LA MILANAISE

POUR 4 PERSONNES
FACILE
COÛT €€

20 MIN DE PRÉPARATION
10 MIN DE CUISSON

4 escalopes de veau de 180 g environ • 2 gros œufs • 60 g de farine • 100 g de chapelure • 20 cl de jus de veau • 30 g de beurre • 400 g de spaghettis • 1 l d'huile pour friture • Sel, poivre du moulin

1 Mettez chaque escalope de veau entre deux feuilles de film alimentaire puis aplatissez-les en tapant dessus avec le fond d'une casserole par exemple. Battez les œufs dans un plat creux. Assaisonnez les escalopes puis passez-les successivement dans la farine, l'œuf battu et la chapelure en appuyant bien dessus pour la faire pénétrer. Placez les escalopes au frais.

2 Pendant ce temps, faites réduire légèrement le jus de veau dans une casserole. Ajoutez le beurre en fouettant, réservez cette sauce. Faites cuire les spaghettis dans de l'eau bouillante salée, le temps indiqué sur le paquet.

3 Faites chauffer l'huile dans une grande poêle. Faites frire les escalopes 5 à 6 min dans l'huile bien chaude en les retournant à mi-cuisson. Égouttez les escalopes, déposez-les sur un papier absorbant. Égouttez les spaghettis, mélangez-les avec le jus de veau, du sel et du poivre. Servez les escalopes milanaises avec les spaghettis et du parmesan.

VARIANTE
Vous pouvez remplacer le jus de veau par un coulis de tomate.

CARPACCIO DE BŒUF
AUX CÂPRES ET AU VIEUX PARMESAN

POUR 4 PERSONNES

FACILE
COÛT €

1 H DE CONGÉLATION
15 MIN DE PRÉPARATION
PAS DE CUISSON

500 g de viande de bœuf extra-tendre • 5 cl de jus de citron • 8 cl d'huile d'olive • 120 g de gros caprons • 120 g de vieux parmesan • 2 branches de basilic • Sel, poivre du moulin

1 Enroulez la viande de bœuf dans du film alimentaire. Placez-la pendant 1 h au congélateur pour la faire durcir afin de la couper plus facilement. Préparez une marinade en mélangeant le jus de citron, du sel et du poivre puis en versant l'huile d'olive tout en fouettant. Faites des copeaux de parmesan avec un économe.

2 Une fois la viande légèrement durcie, sortez-la du congélateur et taillez-la en tranches très fines à l'aide d'un grand couteau à lame légèrement flexible. Badigeonnez le fond des assiettes au pinceau de cuisine avec un peu de marinade. Étalez les tranches de viande dans 4 grandes assiettes. Badigeonnez la viande avec le reste de marinade.

3 Répartissez les câprons dessus, donnez quelques tours de moulin à poivre et placez les assiettes au frais pendant 10 min. Sortez les assiettes, ajoutez les copeaux de parmesan et servez aussitôt.

CONSEIL

Vous pouvez ajouter de fines lamelles de champignons de Paris, quelques feuilles de roquette, des petits cubes de tomate, de la tomate séchée... selon vos envies. Accompagnez le carpaccio de grosses frites maison.

THON À L'HUILE À L'AIL
ET AU LAURIER

POUR 4 PERSONNES

15 MIN DE PRÉPARATION
1 H 30 DE CUISSON

FACILE
COÛT €€

MATÉRIEL

1 grand bocal

600 ou 700 g de filet de thon blanc • 4 gousses d'ail • 2 feuilles de laurier • 1 l d'huile d'olive • Sel, poivre du moulin

1 Préchauffez le four à 100-110 °C (th. 3-4). Coupez le thon en tranches de 2 cm d'épaisseur environ, assaisonnez-les. Déposez les tranches de thon dans un plat assez haut allant au four, en les serrant légèrement.

2 Épluchez et coupez les gousses d'ail en deux. Disposez-les entre les tranches de thon dans le plat avec les feuilles de laurier. Faites tiédir l'huile d'olive dans une casserole puis versez-la dans le plat sur les tranches de thon en prenant soin de bien les recouvrir. Mettez le plat au four pendant 1 h 30 environ. L'huile d'olive ne doit pas bouillir dans le plat pendant la cuisson.

3 Pendant ce temps, plongez le bocal dans une grande casserole d'eau bouillante pendant 2 min pour le stériliser. Égouttez-le sur un torchon propre. Une fois le thon cuit, sortez le plat, laissez refroidir les morceaux de thon puis mettez-les dans le bocal avec leur huile et leurs aromates. Placez le bocal au frais.

À SAVOIR
Le thon se conserve pendant 2 semaines au frais dans son huile.

FRITTO MISTO

POUR 4 PERSONNES

FACILE
COÛT €€

30 MIN DE PRÉPARATION
15 MIN DE MARINADE
5 MIN DE CUISSON

650 g de poissons mélangés (filet de merlan, crevettes, dorade…) • 1 gousse d'ail • 1 citron • 140 g de farine • 1 œuf • 10 cl de bière • 10 cl d'huile d'olive • Huile pour friture • Sel, poivre du moulin

1 Retirez les arêtes des filets de poisson, coupez les filets en morceaux, décortiquez les crevettes. Mettez les morceaux de poisson et les crevettes dans un plat. Épluchez et hachez l'ail, zestez et pressez le citron. Arrosez les morceaux de poisson et les crevettes avec la moitié du jus de citron et la moitié de l'huile d'olive. Ajoutez l'ail haché, les zestes de citron, du sel et du poivre, laissez mariner 15 min au frais.

2 Pendant ce temps, préparez la pâte. Mélangez la farine dans un grand bol avec le jaune d'œuf, le reste de l'huile, du sel et du poivre. Ajoutez la bière au fur et à mesure, la pâte doit être légèrement liquide (ajoutez un peu plus de bière si nécessaire). Montez le blanc d'œuf en neige, incorporez-le délicatement à la pâte.

3 Au dernier moment, trempez les morceaux de poisson et les crevettes dans la pâte puis plongez-les dans un bain d'huile à 170 °C environ. Égouttez-les sur un papier absorbant et servez aussitôt.

CONSEIL
Servez le fritto misto sur un lit de salade croquante avec des quartiers de citron et une sauce tartare.

BACCALÀ MANTECATO

POUR 4 PERSONNES

FACILE
COÛT €

8 H POUR DESSALER LA MORUE
20 MIN DE PRÉPARATION
25 MIN DE CUISSON

400 g de morue • 2 gousses d'ail • 1 petit bouquet de persil • 15 cl d'huile d'olive • Poivre du moulin

1 Mettez la morue à dessaler pendant 8 h dans un saladier en changeant l'eau régulièrement. Au bout de ce temps, rincez une nouvelle fois la morue puis faites-la pocher 15 à 20 min dans une casserole d'eau frémissante.

2 Épluchez et hachez l'ail, lavez et hachez le persil. Égouttez la morue, laissez-la refroidir puis émiettez-la du bout des doigts en prenant soin de retirer toutes les arêtes.

3 Mettez la chair de morue dans une casserole. Faites chauffer doucement puis mélangez sans cesse avec une spatule en versant l'huile d'olive au fur et à mesure pour obtenir un mélange crémeux. En fin de cuisson, ajoutez l'ail et le persil haché et du poivre.

4 Servez tiède avec des tranches de pain grillé frottées à l'ail.

ENCORNETS FARCIS
À LA VIANDE

POUR 4 PERSONNES

45 MIN DE PRÉPARATION
30 MIN DE CUISSON

FACILE
COÛT €€

MATÉRIEL

Petites piques en bois pour fermer les encornets

4 encornets frais de taille moyenne • 1 grande tranche de pain de mie sans croûte • 2 échalotes • 1 gousse d'ail • 5 cl de lait • 500 g de viande de veau hachée • 1 œuf • 100 g de parmesan râpé • 2 branches de persil frais • 60 cl de coulis de tomates • 10 cl d'huile d'olive • Sel, poivre du moulin

1 Nettoyez les encornets, récupérez les têtes, coupez-les en petits morceaux. Faites tremper le pain de mie dans le lait dans un bol. Épluchez et hachez les échalotes et la gousse d'ail. Mettez-les à fondre 3 min dans une poêle dans la moitié de l'huile d'olive. Ajoutez les têtes d'encornets, laissez cuire 2 min puis ajoutez la viande de veau hachée. Salez, poivrez, laissez rissoler 6 à 8 min à feu vif en remuant.

2 Versez la viande dans un récipient, ajoutez l'œuf entier, le parmesan, le pain de mie et le persil, mélangez. Garnissez l'intérieur des encornets avec cette farce en pressant bien, fermez les extrémités avec 2 piques en bois. Faites saisir les encornets farcis dans une cocotte dans le reste de l'huile d'olive. Lorsqu'ils sont bien dorés, versez le coulis de tomate dans la cocotte, salez et poivrez.

3 Laissez cuire les encornets pendant 20 min à feu moyen en les retournant à mi-cuisson. Servez bien chaud accompagné d'un riz pilaf.

CONSEIL
Évitez de trop cuire les encornets farcis pour éviter qu'ils deviennent caoutchouteux.

SARDINES AU VINAIGRE

POUR 4 PERSONNES

FACILE
COÛT €

30 MIN DE PRÉPARATION
24 H DE MARINADE MINIMUM
20 MIN DE CUISSON

12 sardines moyennes vidées et lavées • 80 g de farine • 80 g de pignons de pin • 1 gros oignon • 80 g de raisins secs • 10 cl de vinaigre de vin blanc • 20 cl de vin blanc • 15 cl d'huile d'olive • Sel, poivre du moulin

1 Séchez les sardines dans un torchon propre, assaisonnez-les puis passez-les dans la farine. Faites-les frire 2 min de chaque côté dans une poêle avec 5 cl d'huile d'olive. Égouttez-les sur du papier absorbant puis disposez-les dans un plat creux.

2 Faites griller les pignons de pin 2 min dans une poêle sans matière grasse. Épluchez et hachez l'oignon. Faites-le fondre 5 min à feu moyen dans une casserole dans le reste de l'huile d'olive. Ajoutez les raisins secs puis versez le vinaigre et le vin blanc. Salez, poivrez, laissez bouillir 8 à 10 min à feu moyen. Ajoutez les pignons de pin grillés puis versez cette préparation sur les sardines.

3 Laissez refroidir, couvrez les sardines avec du film alimentaire. Placez le plat pendant 24 h au frais pour laisser les sardines mariner. Dégustez avec du pain grillé.

CONSEIL
Pour une saveur aigre douce plus prononcée, vous pouvez ajouter un peu de miel aux oignons en cours de cuisson.

PALOURDES SAUTEES
EN PERSILLADE

POUR 4 PERSONNES

30 MIN DE PRÉPARATION
8 MIN DE CUISSON

FACILE
COÛT €€

MATÉRIEL

1 mini-hachoir

2 kg de palourdes • 1 gros bouquet de persil frisé • 4 gousses d'ail • 10 cl d'huile d'olive • 60 g de beurre • 2 échalotes • 10 cl de vin blanc • 60 g de chapelure • Sel, poivre du moulin

1 Lavez les palourdes dans plusieurs eaux puis égouttez-les dans une passoire. Lavez, essorez et équeutez le persil. Épluchez et coupez les gousses d'ail en deux. Mettez-les dans le bol d'un mini-hachoir avec le persil, la moitié de l'huile d'olive, le beurre mou, du sel et du poivre. Faites tourner 3 min pour obtenir une pâte.

2 Épluchez et hachez les échalotes. Faites chauffer le reste de l'huile d'olive dans une grande poêle. Mettez les échalotes à fondre dedans pendant 3 min à feu moyen. Mettez les palourdes dans la poêle, versez le vin blanc, salez, poivrez.

3 Couvrez la poêle avec un couvercle, augmentez le feu, laissez cuire les palourdes 5 à 7 min à feu vif en les remuant une ou deux fois pendant la cuisson.

4 Retirez le couvercle, ajoutez la persillade et la chapelure, laissez encore cuire 3 à 4 min à feu très vif sans couvercle, en mélangeant avec une spatule. Servez aussitôt.

CONSEIL
Accompagnez les palourdes avec des linguine ou des spaghettis.

CONSERVES ET SAUCES

TOMATES SÉCHÉES
À L'HUILE D'OLIVE

POUR UN BOCAL DE TOMATES

FACILE
COÛT €

10 MIN DE PRÉPARATION
2 H 30 DE CUISSON

6 tomates parfumées et mûres • 1 cuil. à café de sel • 20 cl d'huile d'olive • 2 branches de thym frais

1 Lavez les tomates. Retirez leur pédoncule puis coupez-les en quartiers. Préchauffez le four à 100 °C (th. 3-4).

2 Déposez les quartiers de tomate debout côté peau sur une plaque de four recouverte d'une feuille de papier sulfurisé. Parsemez-les de sel puis mettez-les à sécher pendant 2 h 30 au four. Les tomates doivent ressortir sèches et ne doivent donc plus rejeter d'eau.

3 Sortez les tomates du four, laissez-les complètement refroidir. Lavez un bocal en verre type bocal à confiture et placez les quartiers de tomates séchées dedans avec les branches de thym frais lavées.

4 Recouvrez les tomates d'huile d'olive, refermez le bocal et conservez-le au frais.

CONSEIL

Ces tomates séchées sont idéales pour garnir les salades ou les pizzas et accompagner les viandes blanches ou le poisson. Elles sont aussi délicieuses à l'apéritif, servies avec des morceaux de mozzarella.

CONSERVES D'AUBERGINES
AU THYM

POUR UN GRAND BOCAL (4-6 PERSONNES)

FACILE
COÛT €

1 H 15 DE PRÉPARATION
1 H 30 POUR FAIRE DÉGORGER LES AUBERGINES
8 MIN DE CUISSON

800 g à 1 kg d'aubergines • 1 grosse poignée de gros sel • 3 gousses d'ail • 1 gros bouquet de thym frais • 60 cl d'huile d'olive

1 Lavez les aubergines et coupez les extrémités. Coupez-les en tranches de 4 à 5 mm d'épaisseur. Mettez-les dans une passoire recouverte d'un torchon en mettant du gros sel entre chaque couche. Laissez-les dégorger pendant environ 1 h 30. Au bout de ce temps, retirez l'excédent de gros sel et plongez les aubergines pendant 7 à 8 min dans une grande casserole d'eau bouillante non salée.

2 Égouttez délicatement les tranches dans une passoire, laissez-les 30 min dedans pour qu'elles perdent le maximum d'eau. Pendant ce temps, épluchez et retirez le germe des gousses d'ail, lavez le thym.

3 Plongez le bocal 3 min dans une grande casserole d'eau bouillante pour le stériliser, sortez-le, laissez-le s'égoutter à l'envers. Mettez une couche d'aubergines dans le fond du bocal. Déposez ½ gousse d'ail et un peu de thym. Versez un peu d'huile d'olive puis recommencez l'opération jusqu'à épuisement des aubergines. Couvrez bien le tout d'huile d'olive, fermez le bocal et conservez-le au frais.

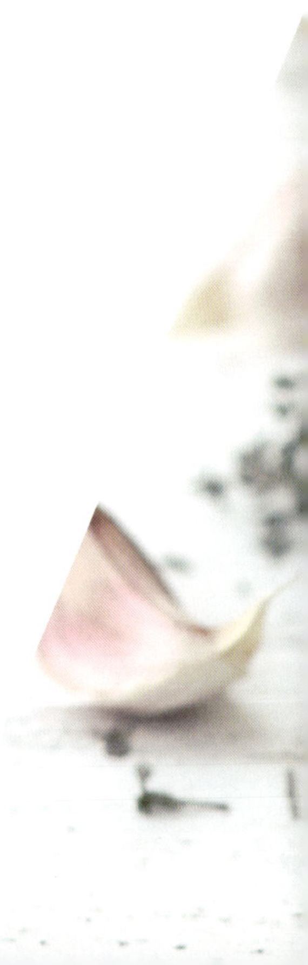

CONFITURE DE TOMATES VERTES

POUR 2 BOCAUX DE 500 G ENVIRON

FACILE
COÛT €

40 MIN DE PRÉPARATION
1 H DE CUISSON

800 g de tomates vertes • 500 g de sucre • 1 petite branche de romarin

1 Lavez les tomates et retirez leur pédoncule. Coupez-les en petits morceaux, mettez-les dans une bassine à confitures ou une casserole avec le sucre. Mélangez avec une cuillère en bois, laissez-les reposer 30 min.

2 Mettez la casserole sur le feu, ajoutez la branche de romarin. Portez à ébullition, laissez cuire la confiture pendant 1 h à feu doux en remuant de temps en temps.

3 Pendant ce temps, faites bouillir une grande casserole d'eau, plongez 2 grands bocaux à confiture dedans pendant 3 min pour les stériliser. Égouttez les bocaux à l'envers sur un torchon propre. Une fois la confiture cuite, elle doit être sirupeuse, versez-la dans les bocaux séchés.

4 Fermez aussitôt les bocaux et retournez-les. Laissez-les complètement refroidir.

CONSEIL

Conservez votre confiture dans un endroit frais à l'abri de la lumière et au réfrigérateur après ouverture des pots.

PESTO VERT

POUR 4 PERSONNES

15 MIN DE PRÉPARATION
PAS DE CUISSON

FACILE
COÛT €

MATÉRIEL

1 mini-hachoir

60 g de pignons de pin • 4 gousses d'ail • 30 feuilles de basilic • 15 cl d'huile d'olive• 80 g de parmesan râpé

1 Faites légèrement griller les pignons de pin dans une poêle sans matière grasse et laissez-les refroidir. Épluchez les gousses d'ail et retirez leur germe. Mettez les gousses d'ail, les pignons et le basilic dans lacuve d'un mini-hachoir, faites tourner pendant 2 min en ajoutant l'huile d'olive au fur et à mesure pour obtenir une pâte.

2 Mettez cette pâte dans un bol puis ajoutez le parmesan râpé. Gardez le pesto au frais, servez-le avec des pâtes bien sûr mais aussi les salades, les légumes grillés, la volaille, le poisson grillé...

CONSEIL

La recette originale se fait avec un pilon et un mortier mais il est beaucoup plus facile de la préparer au mini-hachoir. Veillez à ne pas le faire tourner trop longtemps car cela ferait chauffer le basilic qui noircirait.

SAUCE BOLOGNAISE

POUR 4 PERSONNES

FACILE
COÛT €€

30 MIN DE PRÉPARATION
1 H DE CUISSON

500 g de viande de bœuf hachée • 30 g de cèpes séchés • 5 cl d'huile d'olive • 1 oignon • 1 gousse d'ail • ½ carotte • ½ branche de céleri • 1 tranche de jambon cru un peu épaisse • 10 cl de vin rouge • 40 cl de coulis de tomates • 10 cl de bouillon de bœuf • 2 branches de thym • 1 feuille de laurier • 1 cuil. à soupe de persil haché • Sel, poivre du moulin

1 Réhydratez les cèpes dans un bol d'eau froide puis égouttez-les et hachez-les. Épluchez et hachez l'oignon et la gousse d'ail. Détaillez la carotte et le céleri en petits cubes, hachez le jambon.

2 Dans une grande poêle, faites fondre dans l'huile d'olive pendant 3 min l'oignon, l'ail, la carotte, le céleri et le jambon. Ajoutez la viande de bœuf hachée et les cèpes, laissez saisir 5 min à feu vif. Salez, poivrez puis versez le vin rouge, laissez-le réduire puis ajoutez le coulis de tomates, le bouillon, le thym, le laurier, le persil, du sel et du poivre. Laissez mijoter 1 h environ à feu moyen en remuant régulièrement.

VARIANTE

Vous pouvez remplacer la viande de bœuf hachée par de la viande de veau.

PESTO ROUGE

POUR 4 PERSONNES

25 MIN DE PRÉPARATION
PAS DE CUISSON

FACILE
COÛT €

MATÉRIEL

1 mini-hachoir

2 tomates fraîches • 12 quartiers de tomates séchées • 2 gousses d'ail • 50 g d'amandes entières sans peau • 5 cl d'huile d'olive • Sel, poivre du moulin

1 Faites bouillir une casserole d'eau. Retirez le pédoncule des tomates fraîches, faites une incision sur le dessous de chaque tomate avec la pointe d'un couteau. Plongez les tomates pendant 20 s dans de l'eau bouillante. Rafraîchissez-les aussitôt dans de l'eau froide. Retirez la peau, coupez-les en deux puis épépinez-les.

2 Épluchez et dégermez l'ail si nécessaire. Faites griller les amandes 3 min dans une poêle sans les faire trop colorer, laissez-les refroidir. Mettez tous les ingrédients sauf l'huile d'olive dans la cuve d'un mini-hachoir avec du sel et du poivre. Faites tourner 2 min puis versez l'huile d'olive peu à peu pour obtenir une pâte. Mettez le pesto rouge dans un bol, placez-le au frais jusqu'au moment de servir.

CONSEIL

Dégustez à l'apéritif avec des gressins ou des petits toasts de pain grillé ou au repas, pour accompagner une viande. Vous pouvez aussi relever ce pesto en y ajoutant du piment frais ou en poudre.

SAUCE VIERGE

POUR 4 PERSONNES
FACILE
COÛT €

30 MIN DE PRÉPARATION
PAS DE CUISSON

4 grosses tomates bien mûres • 2 grosses échalotes • 15 feuilles de basilic • 10 cl d'huile d'olive • Sel, poivre du moulin

1 Retirez le pédoncule des tomates puis faites une incision sur le dessous de chaque tomate avec la pointe d'un couteau. Faites bouillir une grande casserole d'eau. Plongez les tomates dedans pendant 20 s. Égouttez les tomates, plongez-les aussitôt dans un grand récipient d'eau froide. Retirez la peau des tomates, coupez-les en deux, épépinez-les.

2 Épluchez et hachez finement les échalotes. Taillez les tomates en petits cubes. Ciselez les feuilles de basilic. Mélangez les cubes de tomates, les échalotes et le basilic dans un bol.

3 Ajoutez du sel, du poivre et l'huile d'olive. Placez la sauce vierge pendant au moins 2 h au frais avant de la servir.

CONSEIL
Servez cette sauce avec du poisson grillé, de la volaille ou de l'agneau.

SAUCE TOMATE

POUR 500 À 600 G DE SAUCE TOMATE ENVIRON

FACILE
COÛT €

30 MIN DE PRÉPARATION
1 H 30 DE CUISSON

1 kg de grosses tomates bien mûres • 1 carotte • 3 gousses d'ail • 1 oignon • ½ branche de céleri • 5 cl d'huile d'olive • 10 cl de bouillon de légumes ou de fond blanc de veau • 1 bouquet garni • Sel, poivre du moulin

1 Retirez le pédoncule des tomates, faites une incision sur le dessous des tomates avec la pointe d'un couteau. Faites bouillir une grande casserole d'eau. Plongez les tomates dedans durant 20 s, égouttez-les puis rafraîchissez-les dans un grand récipient d'eau froide. Retirez la peau, coupez-les en deux, épépinez-les puis hachez-les grossièrement.

2 Préchauffez le four à 150 °C (th. 5). Épluchez la carotte, l'ail et l'oignon. Retirez les fils du céleri. Hachez l'ail et l'oignon, taillez la carotte et le céleri en petits cubes. Faites fondre l'oignon, l'ail, la carotte et le céleri pendant 5 min dans l'huile d'olive, dans une casserole large et pas trop haute. Ajoutez les tomates concassées, du sel et du poivre. Laissez cuire 3 min à feu moyen puis ajoutez le bouillon et le bouquet garni. Couvrez la préparation avec une feuille de papier sulfurisé.

3 Placez la casserole au four, laissez cuire pendant 1 h 30 jusqu'à ce que le liquide soit évaporé et les tomates bien cuites. Sortez la sauce tomate, laissez-la refroidir puis retirez le bouquet garni. Laissez la sauce tomate telle quelle ou mixez-la avec un mixeur à bras pour la lisser. Conservez-la au frais ou mettez-la en bocaux et stérilisez-la.

CONSEIL
Profitez de l'été pour faire vos réserves de sauce tomate pour l'hiver.

CREME AU PARMESAN
ET À L'AIL

POUR 4 PERSONNES

15 MIN DE PRÉPARATION
30 MIN DE CUISSON

FACILE
COÛT €

MATÉRIEL

1 mixeur plongeant
1 fouet

4 gousses d'ail • 50 cl de crème liquide • 100 g de parmesan • Sel, poivre du moulin

1 Épluchez les gousses d'ail, coupez-les en deux et retirez le germe si nécessaire. Mettez-les dans une petite casserole, couvrez d'eau froide. Portez l'eau à ébullition, laissez cuire 2 min à feu moyen. Égouttez-les et rafraîchissez-les sous l'eau froide. Renouvelez l'opération 2 fois.

2 Versez la crème dans une casserole plus grande. Ajoutez-y les gousses d'ail blanchies, salez, poivrez. Portez à ébullition, laissez cuire 15 à 20 min à feu doux jusqu'à ce que la crème soit réduite d'un tiers et légèrement épaisse.

3 Hors du feu, ajoutez le parmesan, fouettez doucement puis mixez cette crème avec un mixeur plongeant. Gardez-la au chaud jusqu'à utilisation sans la faire bouillir.

CONSEILS

Vous pouvez ajoutez une pointe de curry en poudre pour relever le goût.
Cette crème se sert avec de la viande blanche ou de l'agneau.

DESSERTS

PANNA COTTA À LA VANILLE

POUR 4 PERSONNES

FACILE
COÛT €

10 MIN DE PRÉPARATION
2 MIN DE CUISSON
6 H DE REPOS

2 feuilles de gélatine • 1 gousse de vanille • 60 cl de crème liquide • 100 g de sucre en poudre

1 Mettez les feuilles de gélatine à ramollir dans un bol d'eau froide. Ouvrez la gousse de vanille et grattez-la avec la pointe d'un couteau pour récupérer les graines.

2 Mettez la gousse de vanille et les graines dans une casserole avec la crème et le sucre. Portez à ébullition, laissez bouillir 2 min en remuant au fouet.

3 Hors du feu, ajoutez les feuilles de gélatine égouttées. Mélangez et laissez refroidir.

4 Retirez la gousse de vanille.

5 Versez la préparation dans des verres ou des ramequins. Placez ceux-ci pendant au moins 6 h au réfrigérateur pour les faire prendre avant de déguster les panna cotta, démoulées ou non.

CONSEIL
Accompagnez la panna cotta d'un coulis de framboises et de quelques framboises mises pendant 30 s dans une poêle avec 1 cuil. à soupe de sucre… c'est délicieux.

AMARETTI

POUR 30 AMARETTI ENVIRON

15 MIN DE PRÉPARATION
10 MIN DE CUISSON

FACILE
COÛT €

MATÉRIEL

1 poche munie d'une douille unie de taille moyenne

280 g de poudre d'amandes • 130 g de sucre glace (+ 40 g pour saupoudrer les biscuits) • 2 blancs d'œufs • 3 à 4 cuil. à soupe d'extrait d'amande

1 Préchauffez le four à 180 °C (th. 6). Mélangez la poudre d'amandes dans un récipient avec le sucre glace, les blancs d'œufs et l'extrait d'amande.

2 Avec une poche à douille, couchez des boules de pâte de la taille d'une noix sur une plaque de four recouverte d'une feuille de papier sulfurisé ou sur une feuille de silicone spécial cuisson.

3 Mettez les amaretti à cuire 8 à 10 minutes au four. Sortez-les, poudrez-les avec le reste de sucre glace, laissez-les refroidir avant de les déguster.

CONSEIL

Vous pouvez réaliser des « faux » macarons avec les amaretti : déposez une pointe de confiture à l'abricot ou à la framboise sur la moitié des amaretti puis collez l'autre moitié dessus pour leur donner l'aspect de macarons.

TIRAMISU CLASSIQUE

POUR 4 PERSONNES

20 MIN DE PRÉPARATION
6 H DE RÉFRIGÉRATION
PAS DE CUISSON

FACILE
COÛT €

MATÉRIEL

1 batteur électrique

160 g de sucre • 4 œufs • 1 gousse de vanille • 400 g de mascarpone • Le jus de 2 citrons • 1 grande tasse de café fort • 2 cuil. à soupe de rhum • 20 biscuits à la cuiller • 1 grosse cuil. à soupe de cacao

1 Fouettez le sucre avec les jaunes d'œufs et les graines de la gousse de vanille dans un grand bol jusqu'à ce que le mélange blanchisse.

2 Mélangez le mascarpone avec le jus de citron dans un autre récipient puis ajoutez-les au mélange précédent.

3 Montez les blancs en neige bien ferme, mélangez-les délicatement à la préparation avec une spatule en bois.

4 Mélangez le café froid et le rhum. Trempez rapidement la moitié des biscuits dedans, tapissez le fond d'un plat avec ces biscuits.

5 Versez la moitié de la préparation sur les biscuits. Imbibez de café l'autre moitié de biscuits, disposez-les dans le plat puis versez le reste de la préparation.

6 Lissez la surface, poudrez de cacao et réservez au moins 6 h au frais avant de déguster.

CONSEIL

Vous pouvez également réaliser ce tiramisu dans une terrine et le démouler afin de le servir en tranches. Dans ce cas, ajoutez 2 feuilles de gélatine préalablement ramollies dans l'eau froide, chauffées et mélangées au jus de citron.

MOUSSE DE MASCARPONE
AU CITRON

POUR 4 PERSONNES

30 MIN DE PRÉPARATION
6 H DE RÉFRIGÉRATION
PAS DE CUISSON

FACILE
COÛT €

MATÉRIEL

1 batteur électrique

3 citrons jaunes • 360 g de mascarpone • 160 g de sucre • 5 cl de limoncello (facultatif) • 12 amaretti • 3 œufs

1 Lavez les citrons. Zestez-en un, pressez les trois. Mélangez le sucre dans un récipient avec les jaunes d'œufs pour les faire blanchir.

2 Ajoutez le mascarpone, les jus et les zestes de citron et le limoncello.

3 Montez les blancs d'œufs en neige bien ferme, incorporez-les délicatement à la préparation.

4 Cassez les amaretti en petits morceaux. Répartissez la moitié de la mousse au citron dans des verres. Déposez les morceaux d'amaretti dessus puis versez le reste de mousse dans les verres.

5 Placez les mousses pendant 6 h au frais.

6 Au moment de servir, décorez la surface avec des miettes d'amaretti et des zestes de citron.

CONSEIL
Vous pouvez remplacer les amaretti par des macarons au citron.

GRANITÉ AU CITRON

POUR 4 PERSONNES

FACILE
COÛT €

20 MIN DE PRÉPARATION
2 MIN DE CUISSON POUR LE SIROP
8 H DE CONGÉLATION

180 g de sucre • Le zeste d'un citron • 35 cl d'eau • 25 cl de jus de citron (environ 5 citrons ou 4 gros) • 5 cl de limoncello

1 Mettez le sucre, le zeste de citron et l'eau dans une casserole. Portez à ébullition en fouettant, laissez frémir 2 min à feu moyen. Laissez refroidir ce sirop.

2 Mélangez le sirop dans un bol avec le jus de citron et le limoncello.

3 Versez la préparation dans un large récipient pouvant aller au congélateur. Placez-la au congélateur puis, quand elle commence à cristalliser, mélangez-la toutes les 30 min avec une fourchette pour obtenir un granité.

4 Servez le granité dans des petits verres que vous aurez préalablement placés au congélateur pour les faire givrer.

CONSEIL

Ce granité est délicieux en dessert accompagné d'un gâteau ou de biscuits mais il peut aussi être servi entre deux plats au cours d'un repas.

GÂTEAU DE POLENTA
AUX RAISINS SECS

POUR 4-6 PERSONNES

FACILE
COÛT €

20 MIN DE PRÉPARATION
50 MIN DE CUISSON

130 g de polenta • 120 g de raisins secs bruns • 10 cl de liqueur d'amaretto • 220 g de sucre • 75 cl de lait • 2 œufs

1 Faites tremper les raisins secs dans un bol avec la liqueur. Faites cuire 70 g de sucre dans une casserole pour obtenir un caramel légèrement brun. Versez ce caramel dans un moule à charlotte en l'étalant bien sur les bords, laissez refroidir.

2 Préchauffez le four à 160 °C (th. 5). Mettez le lait à bouillir dans une casserole. Versez la polenta en pluie dans le lait bouillant, laissez cuire 5 min à feu moyen en remuant avec une spatule en bois. Hors du feu, ajoutez les raisins et la liqueur, le reste du sucre puis les jaunes d'œufs, mélangez, laissez tiédir.

3 Montez les blancs d'œufs en neige bien ferme. Incorporez-les délicatement à la semoule. Versez la semoule dans le moule à charlotte, lissez la surface avec une cuillère. Mettez le gâteau à cuire 35 à 40 min au four au bain-marie, puis sortez-le du four et laissez-le tiédir avant de le démouler.

CONSEIL
Ce gâteau est à déguster tiède de préférence.

PANETTONE
FAÇON PAIN PERDU

POUR 4 PERSONNES

FACILE
COÛT €

10 MIN DE PRÉPARATION
8 MIN DE CUISSON

4 grandes tranches de panettone • 2 œufs • 60 g de sucre • 25 cl de lait • 1 cuil. à soupe d'extrait d'amande amère • 60 g de beurre • 50 cl de glace rhum raisins

1 Battez les œufs dans un grand plat creux avec le sucre. Ajoutez le lait et l'extrait d'amande, mélangez. Mettez les tranches de panettone à tremper dans la préparation, laissez-les s'imbiber 1 minde chaque côté.

2 Faites chauffer le beurre dans une grande poêle. Lorsqu'il devient mousseux, mettez les tranches de panettone à cuire 3 à 4 min de chaque côté, à feu moyen.

3 Mettez les tranches de panettone dans les assiettes et servez aussitôt avec une grosse quenelle de glace rhum raisins.

SABAYON FRAMBOISE
AU MARSALA

POUR 4 PERSONNES

FACILE
COÛT €€

15 MIN DE PRÉPARATION
10 MIN DE CUISSON

400 g de framboises fraîches • 4 jaunes d'œufs • 80 g de sucre • 8 cl de marsala • 80 g d'amandes effilées • 1 cuil. à soupe de sucre glace

1 Mélangez au fouet les jaunes d'œufs dans une casserole avec le sucre. Ajoutez le marsala, mélangez puis mettez le tout à feu doux pendant 8 à 10 min en fouettant sans cesse et en formant des 8 dans la casserole avec un fouet. Le mélange va cuire et former un sabayon. Il est cuit quand la préparation forme un « ruban » autour du fouet. Continuez à fouetter 4 à 5 min hors du feu.

2 Préchauffez le gril du four. Faites griller les amandes à sec dans une poêle pendant 3 min. Déposez-les sur une assiette, saupoudrez-les de sucre glace. Répartissez les framboises dans des petits bols individuels puis versez le sabayon sur les framboises et décorez avec les amandes poudrées de sucre glace.

SEMIFREDDO NOUGAT CHOCOLAT
ET SON COULIS DE FRAMBOISES

POUR 4-6 PERSONNES

30 MIN DE PRÉPARATION
6 H DE CONGÉLATION
10 MIN DE CUISSON
POUR LE SABAYON

FACILE
COÛT €€

MATÉRIEL

1 mixeur plongeant
1 chinois

40 cl de crème liquide • 160 g de nougat dur aux amandes • 80 g de chocolat noir • 4 jaunes d'œufs • 15 cl de marsala • 90 g de sucre en poudre • 200 g de framboises • ½ jus de citron • 2 cuil. à soupe de sucre glace

1 Montez la crème en chantilly bien ferme, placez-la au frais. Coupez le nougat en petits morceaux, hachez le chocolat avec un couteau. Fouettez les jaunes d'œufs avec le sucre et le marsala dans une casserole pendant 8 à 10 min à feu doux pour obtenir un sabayon. Continuez à fouetter pendant 2 min hors du feu pour stopper la cuisson. Laissez refroidir.

2 Chemisez une terrine ou un moule à cake de papier sulfurisé ou de film alimentaire. Mélangez délicatement la crème fouettée et le sabayon froid. Répartissez un tiers du nougat et du chocolat au fond de la terrine. Versez la moitié de la préparation, répartissez un deuxième tiers de nougat et de chocolat puis le reste de la préparation et terminez par le dernier tiers de nougat et de chocolat haché. Placez la terrine pendant au moins 6 h au congélateur.

3 Mixez les framboises dans un bol haut avec le jus de citron, le sucre glace et 5 cl d'eau froide pour obtenir un coulis. Filtrez le coulis dans une passoire fine, réservez-le au frais. Au moment de servir, sortez la terrine, passez-la sous l'eau chaude et démoulez-la délicatement. Coupez des tranches épaisses et servez avec le coulis de framboises.

PANNA COTTA AUX AMARETTI

POUR 4 PERSONNES

FACILE
COÛT €

10 MIN DE PRÉPARATION
6 H DE RÉFRIGÉRATION
2 MIN DE CUISSON

2 feuilles de gélatine • 50 cl de crème liquide • 110 g de sucre • 2 cuil. à soupe d'extrait d'amande amère • 8 biscuits amaretti maison (voir recette p. 166) ou du commerce

1 Mettez les feuilles de gélatine à tremper dans de l'eau froide dans un bol. Mélangez la crème liquide et le sucre dans une casserole. Portez à ébullition à feu moyen pendant 2 min en fouettant.

2 Hors du feu, ajoutez les feuilles de gélatine égouttées et l'extrait d'amande amère. Laissez refroidir la préparation.

3 Émiettez un biscuit au fond de quatre verres. Versez la préparation dessus puis déposez un amaretto à la surface de chaque verre. Placez les panna cotta au frais pendant au moins 6 h jusqu'à ce qu'elles soient prises.

TIRAMISU AUX CROQUANTS
AMANDES ET CARAMEL LAITIER

POUR 4-6 PERSONNES

FACILE
COÛT €

45 MIN DE PRÉPARATION
6 H DE RÉFRIGÉRATION
10 MIN DE CUISSON

170 g de sucre • 50 g de beurre • 20 cl de crème liquide • 4 œufs • 400 g de mascarpone • 20 biscuits croquants aux amandes

1 Faites cuire 50 g de sucre avec 3 cuil. à soupe d'eau pendant 10 min dans une casserole à feu moyen pour obtenir un caramel légèrement brun. Hors du feu, ajoutez le beurre en morceaux puis la crème liquide. Remettez à bouillir légèrement en mélangeant doucement avec une spatule en bois. Laissez refroidir. Réservez 2 bonnes cuillères à soupe de ce caramel pour décorer la surface du tiramisu au moment de servir.

2 Fouettez les jaunes d'œufs avec le reste du sucre jusqu'à ce que le mélange blanchisse. Ajoutez le mascarpone, mélangez. Montez les blancs d'œufs en neige bien ferme avec une pincée de sel, incorporez-les délicatement à la préparation au mascarpone.

3 Versez la moitié de la préparation au caramel dans le fond d'un plat ou dans de grands verres. Répartissez les biscuits grossièrement écrasés et le caramel froid dessus. Versez le reste de la préparation, lissez la surface. Placez le tiramisu 6 h au frais.
Au moment de servir, nappez le tiramisu avec des filets du caramel réservé en début de recette.

ANNEXES

TABLE DES RECETTES

A

B

C

E

F

G

L

M

O

P

INDEX PAR INGRÉDIENTS

TABLE DES MATIÈRES

DANS LA MÊME COLLECTION

FAIT MAISON

Apéros
Apéros dînatoires
Barbecue et plancha
Biscuits et petits gâteaux
Bocaux, compotes et confitures
Chocolat
Classiques d'hier et aujourd'hui
Cocktails, jus et liqueurs
Cocottes et mijotés
Confitures, gelées et marmelades
Enfants : mon premier livre de cuisine
Étudiants
Fêtes maison
Foie gras et terrines
Gâteaux
Gâteaux de maman
Glaces, sorbets et granités
Grandes tablées
Grands classiques sucrés
Gratins et tians
La petite crèmerie
Macarons & meringues
Pains & viennoiseries
Pasta
Pizzas, quiches et cakes
Plats préparés à l'avance
Poissons & fruits de mer
Recettes pour bébés (0-3 ans)
Salades
Sauces, chutneys et marinades
Soupes et veloutés
Tartes
Wok

FAIT MAISON FRANCE

Bretagne
Provence
Recettes ch'tis

FAIT MAISON D'AILLEURS

Amérique du Sud

Asie

Cuisine créole

Enfants : mon premier livre de cuisine, recettes du monde

Espagne

États-Unis

Grèce

Inde

Italie

Japon

Liban

Maroc

Thaïlande

Vietnam

FAIT MAISON BON & SAIN

Desserts sans sucre

Détox

Graines, céréales et légumineuses

Pâtisserie autrement (sans gluten, sans œufs, sans sucre, sans lactose)

Sans gluten

Sans lactose

Sans sel

Superaliments

Vegan

Végétarien

58, rue Jean Bleuzen, CS 70007 - 92178 Vanves Cedex

Pour l'éditeur, le principe est d'utiliser des papiers composés de fibres naturelles, renouvelables, recyclables et fabriqués à partir de bois issus de forêts qui adoptent un système d'aménagement durable. En outre, l'éditeur attend de ses fournisseurs de papier qu'ils s'inscrivent dans une démarche de certification environnementale reconnue.

Direction : Catherine Saunier-Talec
Responsable éditoriale : Céline Le Lamer
Responsable de projet : Anne Vallet et Fanny Delahaye
Conception intérieure et couverture : Minsk-Studio
Responsable artistique : Antoine Béon
Réalisation intérieure : Les Paoistes
Correction : Claire Fontanieu
Fabrication : Amélie Latsch
Responsable partenariats : Sophie Morier (smorier@hachette-livre.fr)

Dépôt légal : mai 2016
66-6823-1/01
ISBN : 978-2-01-135631-4
Impression : Cayfosa, Espagne

PAPIER À BASE DE FIBRES CERTIFIÉES

hachette PRATIQUE s'engage pour l'environnement en réduisant l'empreinte carbone de ses livres. Celle de cet exemplaire est de :
1,67 kg éq. CO_2
Rendez-vous sur
www.hachette-durable.fr